우리말의 숨결 4

틀리기 쉬운 우리말

성기지

전 한글학회 연구편찬실장.

1990년 한글학회 출판부에 들어와 2023년 6월 정년을 맞이할 때까지 학술지 『한글』(계간)과 어문 교양지 『한글 새소식』(월간) 발간을 맡아 일하였고, 어문규범 연구와 국어 상담에도 힘썼다. 틈틈이 공무원, 은행원, 기업체 직원, 방송작가 등을 대상으로 국어 생활 관련 강의 활동을 하였고, 10여 년 동안 라디오를 통해 우리말 바로쓰기 방송을 하였다. 또, 전문용어, 행정용어, 광고용어 등 우리말 용어 순화 사업에도 힘을 보태는 등 말글 환경 맑히는 데에 줄곧 관심을 기울여 왔다.

지은 책으로는 『우리글 바로잡기 연습』(타래출판사), 『맞춤법 사슬을 풀어 주는 27개의 열쇠』(도서출판 박이정), 『생활 속의 맞춤법 이야기』(역락출판사), 『고치고 더한 생활 속의 맞춤법 이야기』(역락출판사), 『아, 그 말이 그렇구나!』(디지털싸이버), 『한국어 능력 시험』(공편)(신지원) 등이 있다.

우리말의 숨결 4

틀리기 쉬운 우리말

초판 인쇄 2024년 7월 5일
초판 발행 2024년 7월 15일

지은이 성기지 │ **편집장** 권효진 │ **편집** 정봉선
펴낸이 박찬익 │ **펴낸곳** **박이정**
주소 경기도 하남시 조정대로45 미사센텀비즈 8층 F827호
전화 031-792-1195 **팩스** 02-928-4683
홈페이지 www.pijbook.com **이메일** pijbook@naver.com
등록 2014년 8월 22일 제2020-000029호

ISBN 979-11-5848-952-6(03710)

값 15,000 원

우리말의 숨결 4

틀리기 쉬운 우리말

성기지 지음

박이정

우리말에 대한 관심이 꼭 필요한 때입니다

숨결은 숨을 쉴 때의 상태를 말하는데, 사물 현상의 어떤 기운이나 느낌을 생명체에 비유하여 이르기도 하는 말입니다. 그래서 흔히 '자연의 숨결을 느낀다'는 표현을 하곤 합니다. 오염되고 훼손된 자연에서는 건강한 숨결이 느껴지지 않을 것입니다.

그렇습니다. 자연은 수많은 생명을 품고 끊임없이 숨을 쉬면서 살아가고 있습니다. 자연 환경 보호는 곧 자연이 건강하게 숨 쉬도록 만들어주는 일입니다. 숲을 잘 가꾸고 보존하여 숨 쉬게 하고, 호수를 깨끗하게 맑혀 숨 쉬게 하는 일이 환경 보호 운동일 것입니다. 그리하여 우리는 자연의 품안에서 자연의 숨결을 느끼며 비로소 살아갈 수 있을 터입니다.

우리말도 숨을 쉬면서 살아갑니다. 수천 년 동안 우리 겨레는 생존을 위해 끊임없이 그 말에 숨을 불어왔습니다. 자연과 인간 사이의 환경 못지않게 사람과 사람 사이의 언어 환경도 매우 중요합니다. 맑고 바른 말은 사람들의 삶을 가멸게 합니다. 따라서 언어 환경 맑히기는 그 말과 그 말을 사용하는 사람 모두 건강한 숨을 쉴 수 있게 해주는 일입니다. 우리 곁에 있는 말을 잘 살펴서 우리 삶을 살찌워야 하고, 우리 토박이말이 사라지지 않도록 지키고 가꾸어야 하며, 우리 말이 갖가지 외국말투와 저급한 말에 오염되지 않도록 힘써 나가야 할 것입니다.

자연의 품안에서 자연의 숨결을 느끼듯이, 우리는 관심만 가지면 우리말의 숨결을 느낄 수 있습니다. 비록 보이지 않고 만져지지 않더라도 우리말은 우리 곁에서 늘 살아 숨 쉬고 있기 때문입니다. 지금 우리에게 꼭 필요한 것은 우리말에 대한 관심입니다. 이 책은 우리 곁에서 숨 쉬고 있는 우리말의 숨결을 느끼게 하는 데 도움을 줄 수 있으리라고 생각합니다.

『우리말의 숨결』은 모두 4권으로 나누어졌습니다. 제1권 〈우리 곁의 우리말〉은 우리말에 대한 관심을 불러일으키려는 의도로 구성하였습니다. 우리말에 대한 무슨 새로운 발견이나 깊은 연구가 아닌, 우리 곁에서 늘 쓰이고 있는 말들을 되는 대로 끌어 모아 거듭 살피고 어루만졌을 따름입니다. 그 가운데 뜻과 쓰임이 모호하거나 헷갈리는 낱말들을 제2권 〈헷갈리는 이 말과 저 말〉에 따로 모아 보았습니다. 여기서는 이 말과 저 말의 차이에 주목하여 우리말 사용을 명확하게 할 수 있도록 설명하는 데 힘썼습니다.

제3권은 〈순우리말과 들온말〉로 엮었습니다. 첫째마당 '일상에서 찾는 순우리말'에서는 나날살이에서 자주 쓰이고 있는 우리 토박이말들을 살펴보는 한편, 자칫 잊힐지도 모를 토박이말들을 되도록 찾아 내어 부려 쓰는 데 도움을 주고자 하였습니다. 이와 달리 우리 말글살이에 꼭 필요하지도 않은 외국말이나 외국말투 조어들이 말글 환경을 오염시키고 있는 모습들을 생각나는 대로 간추려 둘째마당 '우리말 속 외래어 이야기'에 모아 보았습니다. 끝으로, 나날살이에서 무심코 쓰고 있는 말 가운데 비문법적이거나 어색한 표현들, 발음이나 뜻 구별이 어려워 혼동하는 말들, 그릇된 언어 습관으로 잘못 전해진 말들을 제4권 〈틀리기 쉬운 우리말〉에 두루 묶었습니다. 이 책 『우리 말의 숨결』에서는 특히 여기 제4권에 비교적 많은 공을 들였음을 밝힙니다. 모두 104개 사례를 모았는데, 물론 이 밖에도 틀리기 쉬운 우리 말 쓰임은 얼마든지 많을 것이라고 생각합니다.

이 책의 모든 낱말과 표현들은 독자의 편의를 고려하여 각 권마다 가나다차례로 엮었습니다. 우리말을 다루는 데 있어 혹시라도 지은이의 생각이 미흡한 데가 있더라도 너그럽고 속 깊게 이해해 주시기를 부탁드립니다. 독자들이 이 책을 통하여 우리 곁에 있는 우리말의 숨결을, 그 온기를 느끼게 된다면 더없는 보람이고 영광이 될 것입니다.

서툴고 거친 원고를 따뜻한 눈길로 바라보고 흔쾌히 출판을 허락해주신 박이정출판사의 박찬익 사장님과, 정년퇴직 후 몇 달 동안 마음 편히 원고를 모으고 매만질 수 있도록 도와준 아내에게 고마운 인사를 전합니다.

2024년 6월

성기지

책을 펴내며 4

틀리기 쉬운 우리말

틀리기 쉬운 우리말

말을 할 때, "그건 잘못 된 말이야." 하는 지적을 받으면 짜증이 난다. 누구나 '빳데리'라고 하는데, 왜 굳이 '배터리'로 어색하게 말해야 하지? '나는 새도 떨어뜨리다'보다는 '날으는 새도 떨어뜨리다'가 더 자연스럽지 않을까? 수십 년 동안 써 온 말이 어느 날 틀렸다는 걸 알았을 때, 그 걸 아무렇지도 않게 수긍하며 받아들이기란 어렵다. 그러나 받아들여야 한다. 그리고 망설이지 말고 바로잡아 써야 한다. 말은 개인이 구사하지만 개인의 것이 아니며, 누구나 말할 권리는 있지만 올바르게 말할 의무도 있다.

가까운 측근

말을 할 때나 글을 쓸 때에, 낱말을 불필요하게 중복하거나 반복하는 일은 될 수 있는 대로 피하는 것이 바람직하다. 주로 정치권에서 '아무개의 가까운 측근'이라는 말이 자주 사용되고 있다. 그런데 '측근'이란 말이 "곁에 가까이 있다."는 뜻을 지니고 있기 때문에, '가까운 측근'이라고 하면 필요 없이 같은 뜻의 말을 반복해서 쓴 사례가 된다. 이때에는 '아무개의 측근'이라고 하거나 '아무개와 가까운 인물'이라고 말해야 올바른 표현이 된다.

방송에서도 이렇게 뜻이 겹치는 표현들을 들을 수 있다. '미리 예고해 드린 대로'라는 말을 가끔 듣는데, '예고'가 "미리 알린다."는 뜻을 나타내는 말이기 때문에, 그 앞에 또 '미리'를 붙여 쓰는 것은 불필요한 반복이라고 할 수 있다. 그냥 '예고해 드린 대로'라고 말하거나 '미리 알려 드린 대로'라고 고쳐 쓰는 것이 바람직하겠다. 그리고 은퇴를 앞둔 가수를 소개하면서 "마지막 고별 무대를 준비했다."고 말하는데, 역시 뜻이 겹치는 표현이다. '고별'이 헤어지면서 하는 마지막 인사를 뜻하는 말이기 때문에, 이때에도 '마지막 무대' 또는 '고별 무대'로 바로잡아 써야 하겠다.

그밖에도 크게 주의를 기울이지 않고 뜻이 겹치는 말을 사용하는 사례는 아주 많다. '따뜻한 온정' 같은 말은 '따뜻한 정'이나 그냥 '온정'으로 고쳐 쓰는 것이 좋겠고, '간단히 요약하면'이라는 말도 '간단히'를 떼어내고 그냥 '요약하면'이라고 하면 깨끗하다. 또, 전세방을 구하면서 "계약을 맺었다."고 하는데, '계약'이라는 말이 이미 맺는다는 뜻을 포함하고 있기 때문에 그냥 "계약했다."고 하면 된다.

가슴이 메어진다

자식을 잃은 부모 마음은 어떠한 말로도 나타내기 힘들다. "슬픔으로 가슴이 메어진다."라고 표현하기도 하지만, 이 말은 "슬픔으로 가슴이 미어진다."라고 해야 올바르다. '뭔가가 가득 차서 터질 듯하다'는 뜻의 말은 '메어지다'가 아니라 '미어지다'이다. 따라서 슬픔이나 고통이 가득 차서 가슴이 터질 것 같을 때에는 "가슴이 미어진다."와 같이 '미어지다'를 써야 함을 알 수 있다.

그렇다면 '메어지다'는 어떤 뜻으로 쓰일까? 이 말은 '메다'에 '-어지다'가 붙은 말로 분석할 수 있는데, '메다'는 "목이 메다."처럼 "어떤 감정이 북받쳐 목소리가 잘 나지 않다."는 뜻으로 쓰는 말이다. 따라서 '메어지다'라고 하면 '감정이 북받쳐 목소리가 잘 나지 않게 된다'는 뜻임을 알 수 있다. 그렇지만 실제로는 이러한 경우에도 "목이 메어 아무 말도 하지 못한다."와 같이 '메어지다'보다는 '메다'를 쓰는 것이 일반적이다.

　'메어지다'와 '미어지다'처럼 작은 발음 차이로 쓰임이 달라지는 말들 가운데 '엇갈리다'와 '엇걸리다'가 있다. 가령, "팔을 엇갈리게 마주 잡으세요."라는 말에서는 '엇갈리게'가 아니라, '엇걸리게'라고 표현해야 한다. '팔, 다리 따위가 이리저리 서로 겹쳐 놓이거나 걸리다'를 뜻하는 말은 '엇갈리다'가 아닌 '엇걸리다'이기 때문이다. "훈련병들의 총이 길가에 엇걸려 놓여 있다."에서도 '엇걸리다'를 써야 한다. 이에 비해 '엇갈리다'는 '서로 어긋나서 만나지 못하다'라든지, "그와 의견이 엇갈렸다."처럼 '생각이나 주장 따위가 일치하지 않다'는 뜻으로 쓰는 말이다.

가장 빨리 원서를 냈다

우리가 잘 아는 말이면서도 때로 그 뜻을 잘못 이해하고 엉뚱하게 쓰고 있는 말들이 가끔 있다. '빠르다'라는 말도 그러한 말들 가운데 하나다. 예를 들어, "북한산 단풍이 예년보다 빨리 물들었다."라는 말은 별로 이상하게 느껴지지 않는다. "그 대학에 가장 빨리 원서를 냈다."는 말도 마찬가지로 자연스럽게 들린다. 그러나 이와 같은 말들은 모두 '빠르다'를 잘못 사용하고 있는 것이다. 이 말들을 바루면 "북한산 단풍이 예년보다 일찍 물들었다.", "그 대학에 가장 일찍 원서를 냈다."가 된다.

'빠르다'를 잘못 사용하는 사례는 일상생활에서 거의 보편적이라 할 수 있다. "우리 아이에게 너무 빨리 영어교육을 시키는 게 아닐까?" 하고 말하는 경우가 있는데, 이것도 "우리 아이에게 너무 일찍(또는 '너무 이르게') 영어교육을 시키는 게 아닐까?"로 말해야 올바른 표현이다. "약속 장소에 1시간이나 빨리 나와서 기다렸다."는 말도 "약속 장소에 1시간이나 일찍 나와서 기다렸다."로 고쳐 써야 한다.

'빠르다'는 말은 "어떤 동작을 하는 데 걸리는 시간이 짧다."는 뜻으로, '속도'와 관계가 있는 말이다. "나이가 드니 세월이 너무 빨리 지나간다."라든가, "걸음이 빠르다.", "말이 빠르다.", "손놀림이 빠르다." 들처럼 쓴다. 이와는 달리, "계획한 때보다 앞서"라는 뜻으로 쓰는 말은 '일찍', 또는 '이르다'라는 말이다. 이때에는 속도가 아니라 '시기', '때'와 관계가 있는 것이다. "그는 여느 때보다 일찍 학교에 도착했다.", "올해는 예년보다 김장 담그기가 이른 감이 있다." 들처럼 쓴다. 이와 같이, 어떤 때나 시기보다 앞서거나 앞서 행하는 것은 '빠르다'가 아니라 '이르다', '일찍' 등으로 표현하는 것에 주의해야 한다.

가장 우수한 문자 가운데 하나

우리 글자인 한글을 가리켜 "세계에서 가장 우수한 문자 가운데 하나이다."라고 말하고 있다. 그러나 이 말은 올바른 표현이 아니다. 이때에는 "세계에서 가장 우수한 문자이다."라고 말해야 한다.

우리나라 사람들은 감성이 풍부해서인지 무엇이든 과장하기를 좋아해서 '가장', '제일', '최초', '최고' 등의 부사어를 즐겨 사용하고 있다. 이 말들을 쓰는 자체가 문제되는 것은 아니지만, 이 낱말들을 남용하다 보니 여러 곳에서 표현상의 오류가 나타나는 것이다. '가장'이란 부사어는 '최고', '으뜸'이라는 뜻이기 때문에 어떤 조건 아래에서 오직 하나의 대상만을 가리킬 뿐이다. '가장'이란 말 뒤에 '~ 중에 하나'라는 말이 이어지면 앞뒤의 호응이 맞지 않게 된다.

이렇게 과장하려는 마음이 앞서서 부사어를 남용하는 바람에 어떤 낱말들은 그 본뜻과는 사뭇 다르게 쓰이고 있다. 그 가운데 '너무'라는 말이 있다. 이 낱말의 본디 뜻은 '한계나 정도에 지나치게' 또는 '분량에 넘게'이다. 가령, "너무 힘들어서 그만두었어."라든지, "소득에 대한 세금이 너무 많다."처럼 쓰는 말이다. 그런데, 흔히 이 말을 "그 여배우는 너무 예쁘다.", "그것은 너무 좋은 생각이다.", "우리 아이는 공부를 너무 잘한다."처럼 쓰고 있다. 상식적으로 '예쁘다, 좋다, 잘하다'라는 개념에는 어떤 한도가 있다고 생각하기는 어렵다. 그러므로 이러한 자리에까지 '너무'라는 낱말을 마구 쓰는 것은 바람직하지 않다. 이럴 때에는 "그 여배우는 매우 예쁘다.", "그것은 참 좋은 생각이다.", "우리 아이는 공부를 아주 잘한다."처럼, '매우'나 '참', '아주' 등으로 바꾸어 써야 올바른 표현이 된다.

감격해하였다

법은 냉정하지만, 가끔 힘없는 약자를 대변하고 그 어려운 사정을 헤아려 주는 판결문이 화제에 오르기도 한다. 그럴 때마다 판결문에 적힌 감성적이고 따뜻한 표현들은 사람들에게 큰 감동을 주곤 하는데, 이를 보도하는 신문기사에서는 으레 "많은 사람들이 감격해하였다." 고 표현한다. 그러나 '감격해하다'와 같은 말은 올바른 표현이 아니다.

우리말 '-어하다'는 형용사를 동사로 만들어 주는 구실을 한다. 가령 '예쁘다', '귀엽다', '행복하다' 같은 말들은 모두 형용사인데, 여기에 '-어하다'를 붙이면 '예뻐하다', '귀여워하다', '행복해하다'와 같이 모두 동사가 된다. 그런데 앞에서 예를 든 '감격해하였다'의 경우, '감격하다'는 형용사가 아니라 동사이기 때문에, 동사를 만들어 주는 '-어하다'를 붙여 쓰지 않는다. '감탄하다'나 '당황하다' 들과 같은 동사들도 마찬가지로 '감탄해하다', '당황해하다'처럼 쓸 수 없는 말들이다. 이 말들은 그냥 '감격했다', '감탄했다', '당황했다'처럼 쓰면 된다.

"오늘은 더 예뻐 보이네요."에 쓰인 '-네요'는 "참 예쁘네.", "고맙네." 들처럼 감탄하는 뜻을 나타내거나 문장을 서술할 때 쓰는 종결어미 '-네'에, 존대의 뜻을 나타내는 조사 '요'가 합해진 말이다. 그런데 이 '-네요'를 '-으네요'로 잘못 쓰고 있는 경우가 더러 있다. 예를 들어, "눈빛이 참 맑으네요.", "목소리가 좋으네요." 들은 바른 말이 아니다. 우리말에 '-으네'라는 어미는 따로 없기 때문에, 이 말들은 "눈빛이 참 맑네요.", "목소리가 좋네요."처럼 써야 한다. 칭찬하는 말도 정확하고 바르게 써야 듣는 이를 더 기분 좋게 한다는 것을 잊지 않았으면 좋겠다.

거짓말시키는 사람은?

‘시키다’는 ‘무엇을 하게 하다’는 말로서, “일을 시키다.”, “공부를 시키다.” 들처럼 쓰인다. 또는 앞말에 붙여서, ‘안심시키다’, ‘실망시키다’, ‘이해시키다’, ‘입원시키다’ 들처럼, ‘안심하게 하다’, ‘실망하게 하다’, ‘이해하게 하다’, ‘입원하게 하다’는 뜻으로 쓰는 말이다. 가령, ‘취직시키다’고 하면, 자기가 취직을 하는 것이 아니라, 남을 ‘취직을 하게 하다’는 뜻이 된다.

그런데 요즘 들어 이 말을 전혀 엉뚱하게 쓰는 사례들이 갈수록 많아지고 있다. ‘시키다’가 붙어서 사동을 나타내는 말이 아님에도 마구 붙여 쓰는 사례들이다. 텔레비전 방송의 어느 연속극에서 보니, “남편을 설득시켜 보세요.”라고 하는데, 이 말은 어법에 맞지 않는다. “남편을 설득해 보세요.”라고 써야 한다. 이와는 다른 상황, 곧 누군가에게 남편을 설득하게 해 보라고 할 때에, “그에게 남편을 설득하도록 시켜 보세요."라고 말할 수 있다. 또, 어느 신문에 "검찰의 보강 수사로 아무개 씨를 구속시켰다."는 기사가 실렸는데, 이때에도 '구속시켰다'고 하면 '(남을) 구속하게 했다'는 뜻이 되므로 이 문장도 잘못 된 것이다. 남에게 구속하도록 시키지 않고 검찰 또는 경찰이 직접 주체가 되어 아무개 씨를 구속한 경우이니, "검찰의 보강 수사로 아무개 씨를 구속했다."로 바로잡아 써야 한다.

'시키다'를 잘못 쓰고 있는 사례는 이외에도 '주입시키다', '유발시키다', '분리시키다', '결합시키다' 등 아주 많다. 그 중 대표적인 예가 누구누구에게 "거짓말시켰다."고 하는 것이다. 이 말을 잘 새겨 보면, 상대방이 거짓말을 하도록 내가 시켰다는 뜻임을 알 수 있다. 내가 거짓말을 한 경우라면, "거짓말(을) 시켰다."가 아니라, "거짓말(을) 했다."로 말해야 한다.

거짓말은 눈꼽만큼도 못 해

　자리가 높건 낮건 거짓말이 판치는 세상이다. 책임 있는 자리에 앉은 사람조차 제 몸 하나 편하자고 무서운 거짓말을 해댄다. 그러면서도 "거짓말은 눈꼽만큼도 못 한다."고 한다. 이때 대개의 경우, '눈꼽'이라고 말하고 또 그렇게 적고 있다. 그러나 이 말은 [눈꼽]으로 소리 나더라도 '눈곱'으로 적는 것이 표준말이다. '눈곱'은 '눈'과 '곱'의 합성어인데, '곱'은 동물의 기름을 가리키던 순우리말로서, 아직도 제주지방에서는 소의 기름을 '곱'이라고 한다. 이러한 '곱'의 의미가 확대되어, 눈에서 나오는 진득한 액체라는 뜻으로 '눈곱'이라는 말이 생겨난 것이며, '눈'과 '곱' 사이에 사이시옷이 있기 때문에 [눈꼽]으로 발음되는 것이다.

　이처럼 표기에는 반영되지 않지만, 사이시옷이 생략된 합성어인 경우에는 발음할 때에 뒷말의 첫소리가 된소리로 나게 된다. 이와 같은 예로 '눈동자'라는 말이 있다. 이 말도 '눈'과 '동자' 사이에 사이시옷이 생략된 것이므로, 발음할 때에는 [눈똥자]이지만, 적을 때에는 '눈동자'로 적는 것이다.

흔히 '눈쌀을 찌푸리다', '눈쌀을 펴다' 등으로 말하고 있는데, 이때의 '눈쌀'은 '눈살'로 바로잡아 써야 한다. '눈살'은 '두 눈썹 사이에 잡힌 주름'으로서, '눈'과 '살'이 합쳐진 말이다. 발음은 비록 [눈쌀]로 나지만, 표기는 '눈쌀'이 아니라 '눈살'로 해야 한다. 그러나 "아이들 등쌀에 못 견디겠다."처럼, '몹시 귀찮게 수선부리는 모양'을 나타내는 말은 된소리 표기를 그대로 반영한 '등쌀'(이때는 '등살'이 아님)이 맞다.

거칠은 벌판으로

가수 전영록 님이 부른 〈사랑은 연필로 쓰세요〉란 노래는, "꿈으로 가득 찬 설레이는 이 가슴에 사랑을 쓸려거든 연필로 쓰세요."라고 시작하고 있다. 북한에서는 '설레이다'가 규범어(문화어)이지만, 우리나라에서는 '설레다'가 표준말이다. 이 노랫말의 '설레이는'은 '설레는'으로 고쳐야 하고, '쓸려거든'은 '쓰려거든'으로 바로잡아야 한다. 아이들이 즐겨 먹는 '설레임'이란 얼음과자가 있는데, 이 제품 이름도 '설렘'으로 고쳐야 맞는 표현이 된다.

설운도 님의 〈잃어버린 30년〉에 들어 있는 "목메이게 불러봅니다."라는 노랫말도 '설레는'을 '설레이는'으로 잘못 쓴 것과 비슷한 경우이다. 이때에도 '목메이게'가 아니라 '목메게'로 바로잡아 써야 한다. 우리 귀에 익은 대중가요 가운데, "거칠은 벌판으로 달려가자."라는 노랫말이 들어 있는 노래가 있다. 이 노래에서의 "거칠은 벌판으로"라는 구절은 "거친 벌판으로"라고 바로잡아야 한다. '거친'을 '거칠은'으로 잘못 쓴 것이다.

　가수 장계현 님의 〈나의 20년〉이란 노래를 들어보면 "[동녀게] 해 뜰 때 어머님 날 낳으시고"라고 부르고 있다. 이때의 [동녀게]는 '동녘에[동녀케]를 잘못 발음하고 있는 것이다. ㅋ을 받침소리의 실종은 "어머니가 부엌에[부어케] 계십니다."를 '부엌에[부어게] 계십니다'로 하는 것처럼 일상생활에서 흔히 만날 수 있다. 또, "울려고 내가 왔던가, 웃을려고 왔던가"로 시작하는 노래가 있는데, 이때의 '웃을려고'도 '웃으려고'로 발음하는 것이 옳다. 그 밖에도 노랫말이 반칙하고 있는 사례는 헤아리기 어려울 만큼 많다. 마음을 적시는 대중가요는 백년이 지나도 여전히 불릴 수 있다. 우리말이 깨끗하게 전승될 수 있도록 노랫말을 짓는 분들이 좀 더 관심을 기울여 주었으면 좋겠다.

결승전 경기에 이겼다

2016년 브라질 리우데자네이루 올림픽에서 우리나라는 1972년 뮌헨 올림픽 이후 44년 만에 올림픽 단체 구기 종목에서 메달을 따지 못했다. 5년 뒤에 열린 도쿄 올림픽에서도 단체 구기 종목에서 메달 구경을 하지 못했다. 그래서인지 국민들의 올림픽 열기가 예전보다 시들했던 것 같다.

도쿄 올림픽 축구 결승전에서 브라질이 연장전 끝에 스페인을 이기자 여러 매체들에서 "브라질이 스페인에 힘겹게 이겼다."라든지, "결승전 경기에 이겼다." 하고 보도를 했다. 그러나 이 말들은 일본식 말투로서 모두 우리 말법에는 맞지 않는 표현들이다. 우리말에서는 '이기다'라는 말을, "스페인을 이겼다.", "결승전 경기를 이겼다." 들처럼 사용한다. 그러니까 '무엇에 이기다'는 일본식 표현이고, '무엇을 이기다'가 우리말 표현이다. 거꾸로, '지다'라는 말을 쓸 때에는 "한국

탁구 팀이 중국 팀에 졌다."처럼 '~에 지다', '~에게 지다'가 맞다.

국가대표 선수라면 훈련량도 엄청날 것이다. 그래서 종목에 따라서는 대표 선수의 손과 발의 살이 딱딱하게 뭉쳐 있는 경우가 많다. 이것을 흔히 "굳은살이 박혔다."라 말하고 있지만, 이때에는 "굳은살이 박였다."라고 표현해야 한다. '박이다'와 '박히다'는 표기가 비슷하여 혼동해서 쓰는 경우가 많다. '박이다'는 손바닥, 발바닥 따위에 굳은살이 생기는 것을 가리키고, '박히다'는 박다의 피동사로 쓰는 낱말이다. 예를 들면, "이발사의 굳은살 박인 손을 바라보았다." 할 때에는 '박이다'이고, "벽에 박힌 못을 빼냈다."라 할 때에는 '박히다'이다.

구멍 난 양말을 기웁니다

하지를 지나 소서를 앞두었을 때부터 농촌은 논밭 일과 농장 일, 과수원 일에 한창 일손이 달리게 된다. 그래서인지 절에서 수행하는 스님들도 산문 밖을 나서서 일손을 거들고 있는 모양이다. 신문을 읽다가 "스님이 바쁜 일손을 도웁니다."라는 기사문을 보았다. 언젠가 텔레비전 방송에서도 초등학생들의 방학숙제가 화제가 되며 "엄마가 숙제를 도웁니다."라고 말하는 것을 들었다. 드물지 않게 "불우 이웃을 정성껏 도웁니다."라고 쓴 기사들도 눈에 띈다.

그런가 하면, 라디오 방송에서 "재봉틀이 헤지고 짧아진 교복 치맛단을 꼼꼼하게 기웁니다."라는 기자의 현장 중계 목소리를 들었다. "할머니께서 구멍 난 양말을 기웁니다."라는 문장도 어느 글에선가 본 듯하다. 모두 잘못된 표현들이다. '돕다', '깁다'와 같은 (ㄹ을 제외한) 받침 있는 용언의 어간 뒤에는 '-ㅂ니다'가 아니라 '습니다'가 붙는다. "스님이 바쁜 일손을 돕습니다.", "엄마가 숙제를 돕습니다."처럼 '돕다'는 '돕습니다'로, "치맛단을 꼼꼼하게 깁습니다.", "구멍 난 양말을 깁습니다."와 같이 '깁다'는 '깁습니다'로 써야 한다.

　　'-ㅂ니다'는 받침이 없는 용언의 어간에 붙지만, "달도 차면 기웁니다.", "승부가 크게 기웁니다."에서 볼 수 있듯이, 받침이 ㄹ인 용언('기울다')의 어간 뒤에도 붙어 쓰인다. "(가게에) 갑니다."는 자동사 '가다'에 '-ㅂ니다'가, "(밭을) 갑니다."는 타동사 '갈다'에 '-ㅂ니다'가 붙은 꼴이다. 양말은 '깁는' 것이고, 승부는 '기우는' 것이니, "양말을 기웁니다."처럼 혼동해서 쓰는 일이 없어야 하겠다.

국가의 존망이 위태롭다

"바이러스 확산으로 국가의 존망이 위태롭다."는 문장에서 '존망이 위태롭다'는 표현은 문제가 없을까? '존망'이라는 말은 '존속과 멸망' 또는 '생존과 사망'을 뜻하고 있다. 상대되는 두 개념이 한 낱말에 다 들어 있는 것이다. 반면 서술어는 '위태롭다' 하나뿐이다. 그러니까 "국가의 존망이 위태롭다."는 말은 '국가의 존속도 위태롭고 멸망도 위태롭다'는, 이치에 맞지 않는 뜻이 된다. 따라서 이 말은 "국가의 존속이 위태롭다."는 정도로 고쳐 쓰거나, 그냥 "국가가 위태롭다."로 간단히 표현하면 올바른 뜻을 전할 수 있게 된다.

이와 비슷한 사례 가운데 "생사가 위기에 처했다."는 문장도 어색한 것은 마찬가지이다. '생사'는 '삶과 죽음'인데, '생사 위기'라 하면 '삶도 위기이고 죽음도 위기'라는 말이 되는 셈이다. '삶과 죽음' 중에 한 가지만을 택해서 "삶이 위기에 처했다."라고 하든지, "죽을 위기에 처했다."로 고쳐 써야 하는 것이 바람직하지 않을까?

　"한 잔 술로 애환을 달랬다."는 말도 다시 한 번 살펴볼 필요가 있다. '애환'은 국어사전에 "슬픔과 기쁨을 아울러 이르는 말"로 풀이되어 있다. 그렇다면 과연 기쁨까지 한 잔 술로 달랠 필요가 있는 것인지? 기뻐서 마시는 술은 '누리는' 것이지 '달래는' 것이 될 수 없다. 이 말은 "한 잔 술로 슬픔을 달랬다."나 "한 잔 술로 시름을 달랬다."로 고쳐 써야 한다. '애환'은 "한 잔 술에는 삶의 애환이 깃들어 있다."처럼 써야 지닌 뜻을 올바로 전할 수 있다.

국수 사리 주세요!

　더운 날씨에 많이 찾게 되는 음식 가운데, '모밀국수'라 불리는 국수가 있다. 대나무 발에 받친 면을 살얼음 동동 띄운 육수에 담갔다 먹는 그 시원한 맛! 그러나 '모밀국수'는 '메밀국수'라고 해야 맞다. '모밀'과 '메밀'은 모두 우리말로서, 이 가운데 '메밀'이 오늘날 표준말로 정착하였고, 주로 평안도와 황해도 지방에서 쓰이던 '모밀'은 방언으로 남아 있게 되었다. 이에 따라, 모밀묵이나 모밀떡 들과 같은 말들도 모두 메밀묵, 메밀떡으로 써야 한다.

　음식점에서 메밀국수를 주문하여 먹다 보면, 감칠맛 나는 국물이 아직 남아 있는데 건더기가 부족할 때가 있다. 이럴 때 메밀 면을 추가로 주문해야 한다면 어떻게 말할까? 대개는 "여기 국수 사리 하나 주세요.", 또는 "메밀국수 사리 주세요!"라고 말한다. 그러나 이는 올바른 말이 아니다. '사리'는 국수를 동그랗게 감아놓은 뭉치를 세는 단위이지, 국수 자체를 말하는 것이 아니기 때문이다. 밥 한 그릇, 두 그릇 하고 세듯이, 면 한 사리, 두 사리 하고 세는 것이다. "여기 국수 사리 하나 주세요.", "메밀국수 사리 주세요!"라는 말은 "면 한 사리 주세요!", "메밀 면 한 사리 주세요."로 말해야 바른 표현이 된다.

궁색한 변명

사람들이 모여 사는 곳에는 예외 없이 경쟁이 있고, 바람직한 경쟁은 사회를 발전시키는 힘이 되기도 한다. 경쟁에서 밀려나면 대개는 아쉬운 마음에 변명을 하게 되는데, 이것을 "궁색한 변명"이라고 말하는 경우가 있다. 그러나 '궁색하다'는 말은 '아주 가난하다'는 뜻으로, "궁색한 살림살이"처럼 쓰는 말이다. 변명이 자연스럽지 못할 때에는 '거북하고 어색하다'는 뜻을 가진 '군색하다'를 앞세워서 "군색한 변명"이라고 표현한다.

경쟁에서 지더라도 그것이 인생의 마지막은 아니다. 오히려 다음 도전을 위한 아주 좋은 경험으로 삼을 수 있다. '마지막'과 '끝'이라는 말은 쓰임이 다른데도 가끔 혼동해서 쓰는 경우가 있다. '끝'은 '시간, 공간, 사물 따위에서 한계가 되는 곳'을 이르는 말이고, '마지막'은 '시간이나 순서상의 맨 끝'을 이르는 말이다. 다시 말하자면, 시간이나 순서상에서는 '끝'과 '마지막'을 같은 뜻으로 모두 쓸 수 있지만, 공간이나 사물의 한계가 되는 곳을 나타낼 때는 '끝'이라 해야지 '마지막'이란 말은 쓸 수가 없다. 가령 "이 길의 마지막은 막다른 골목이다."라는 문장은 잘못 쓴 것이다. 길은 공간적인 것이므로 이때에는 "이 길의 끝은 막다른 골목이다."라고 고쳐 써야 한다.

그녀가 물러나길 바래

　우리가 자주 쓰는 말 가운데는 어법에 맞지는 않지만 표준말로 고쳐 말하면 오히려 어색하게 느껴지는 말들이 더러 있다. "나는 그녀가 물러나길 바래."라는 말은 사실 어법에 어긋난다. 바로잡으면 "나는 그녀가 물러나길 바라." 하고 말해야 어법에 맞다. '바라다'는 말을 '바래다'로 흔히 쓰고 있는데, '바래다'는 '빛깔이 변하다' 또는 '누구를 배웅하다'는 뜻일 때에만 쓰는 말이다. "그녀가 스스로 물러나주길 바랬어."라는 말도 "그녀가 스스로 물러나주길 바랐어."로 바로잡아 써야 한다. "늦지 않길 바래."를 "늦지 않길 바라." 하고 어법에 맞게 쓰기란 참 어색한 일이다.

　"햇볕에 검게 그을은 피부"라고 하는데, 이것도 어법에 맞지 않는 말이다. '검게 그을은'이 아니라 '검게 그은'이라고 해야 올바른 표현이 된다. '그을다'에 '-은'이 붙으면 '그을은'이 되는 것으로 생각하기 쉽지만, 이런 경우에는 'ㄹ' 소리가 탈락된다. 그래서 '낯설은 사람'이 아니라 '낯선 사람'이고, '길다'에 '-은'을 붙이면 '길은'이 아니라 '긴'이 되는 것이다. 그렇더라도 '검게 그은 피부'는 왠지 어색하게 들린다.

"이 자리를 빌어 감사 말씀 드립니다."는 표현도 올바르지 않다. 지난날에는 '빌다'는 '내가 남에게서 빌어오다'의 뜻으로 쓰고, '빌리다'는 '내가 남에게 빌려주다'로 구별해 써 왔다. 그러나 1988년 고시된 문교부 '표준어 규정' 이후에는 그 구분을 없애고 자주 쓰는 '빌리다'로 합쳤다. 이제는 (어색하더라도) "이 자리를 빌려" 감사 말씀을 드려야 한다. '빌다'는 '소원을 빌다'나 '구걸하다'는 뜻으로만 쓰는 말이 되었다.

그러지 말아요

영어를 잘 못 알아듣는 '평범한' 우리는 외국 영화를 보다 보면, 눈길이 쉴 새 없이 한글 자막 쪽으로 오가게 된다. 특히 이야기 전개가 빠른 영화이거나 영화 속에 수많은 영웅들이 한꺼번에 나오게 되면, 영상과 자막을 오가는 눈알의 움직임이 얼마나 빠르냐가 영화 이해도를 좌우하기도 한다.

그런데 외화에서 자주 눈에 띄는 자막 가운데 '그러지 마요', '하지 마요'라는 표현이 있다. 우리의 언어 습관에는 아무래도 '그러지 마요', '하지 마요'보다는 '그러지 말아요', '하지 말아요'가 자연스럽기 때문에, '마요'라는 말이 어색하게 느껴질 수도 있다. 그러나 이때에는 영화 자막에서 보여주는 대로 '그러지 마요', '하지 마요'가 올바른 말이다.

'말다'의 어간 '말-'에 어미 '-아' 또는 '-아라'가 붙으면 '말아', '말아라'처럼 되는데, 우리말 어법에는 이때에 받침 '-ㄹ'이 탈락해서 각각

'마'와 '마라'가 된다. 그래서 '하지 마', '하지 마라'처럼 쓰인다. 마찬가지로 '마' 뒤에 보조사 '요'가 붙어서 '하지 마요'가 되는 것이다. 우리 귀에 이미 익숙해 있다 하더라도 어법에 맞는 바른말을 받아들여 바로잡는 마음가짐이 필요하다고 생각한다.

그렇게 몰아부치지 마세요

국어사전을 찾아보면, '부치다'는 "어떤 물건을 상대에게 보내다." 또는 "어떤 문제를 다른 기회로 넘겨 맡기다."라고 풀이되어 있다. 반면에 '붙이다'는 "맞닿아 떨어지지 않게 하다."라고 되어 있다. 다시 말하면, '부치다'는 무언가를 보내거나 맡긴다는 뜻이고, '붙이다'는 달라붙게 한다는 뜻이다. 그렇기 때문에 토론마당에 안건을 맡길 때에는 '토론에 부치다'라 해야 하고, 한쪽으로 상대를 몰아붙일 때에는 '밀어붙이다'라고 써야 한다.

그런데 막상 '붙이다'나 '부치다'를 일상생활에서 사용할 때에는 여러 곳에서 혼란을 느끼게 된다. 가령, "그는 팔을 걷어부치고 나섰다.", "그렇게 몰아부치지 마세요."처럼, 많은 사람들이 '걷어부치다', '몰아부치다'처럼 쓰고 있다. 또, "그녀는 내게 날카롭게 쏘아부쳤다." 라든지, "무조건 밀어부친다고 되는 게 아니다."와 같이 '쏘아부치다',

'밀어부치다'처럼 잘못 알고 있는 경우가 많다. 이 말들은 모두 '걷어붙이다', '몰아붙이다', '쏘아붙이다', '밀어붙이다'라고 써야 한다.

'걷어붙이다', '몰아붙이다', '쏘아붙이다', '밀어붙이다' 들은 한결같이 무언가에 힘을 가해 한쪽으로 붙여 놓는다는 느낌을 주는 말들이기 때문에 ('부치다'가 아닌) '붙이다'를 쓰는 것이라고 생각할 수 있다. 그런데 "그는 옷을 벗어부치고 싸움에 뛰어들었다."라는 문장에서는 '벗어부치다'가 바른 표기이다. '팔을 걷어붙이다'와 '옷을 벗어부치다'의 표기가 다르다는 것에 주의해야 하겠다.

기분이 좋은 것 같아요

'같습니다'라는 말을 격에 맞지 않게 사용하는 경우가 많다. '같다'는 "무엇이 무엇과 같다."와 "아마 무엇 무엇인 것 같다."의 두 가지로 쓰인다. 이 가운데 뒤에 말한 '같다'는 추정이나 예상을 나타내므로 반드시 '확실하지 않은' 전제가 있어야 한다. 분명한 사건이나 느낌, 생각을 말하면서 '같다'를 쓰는 것은 옳지 않다. 가령 "기분이 참 좋은 것 같아요."라든지, "특별한 어려움은 없었던 것 같습니다."라는 말들은 말하는 이가 자기의 느낌이나 경험을 이야기한 예이다. 그러면서 남의 일처럼 추정의 표현을 쓴 것은 올바르지 않다. 이때에는 "기분이 참 좋습니다.", "특별한 어려움은 없었습니다."라고 고쳐 말해야 한다.

행사장에서 사회자가 누군가를 불러낼 때 흔히 "앞으로 나와 주시기를 바라겠습니다."라고 말하는데 이 또한 옳지 않다. '-겠'은 "내일은 비가 오겠다.", "잘하면 대박 날 수 있겠다." 들처럼 확실하지 않은 일에 대한 추정을 나타낼 때 사용한다. 의사를 명확하게 전달해야 하는 사회자로서는 "앞으로 나와 주시기를 바랍니다."로 말해야 한다. '바라겠습니다'가 아닌 '바랍니다', '사진 촬영 순서가 있겠습니다'가 아닌 '사진 촬영 순서가 있습니다'가 바른 표현이다.

　'-겠'과 관련된 표현 가운데 '되겠습니다'라는 말도 격에 맞지 않게 남용하고 있다. 혼인식에서 "다음 순서는 신부 입장이 되겠습니다."란 사회자의 말을 흔히 들을 수 있는데, 이 때에는 "다음 순서는 신부 입장입니다."로 고쳐서 말해야 한다. 심지어는 계산원분들 가운데도 "오천 원 되겠습니다."로 말하는 경우가 있는데, "오천 원입니다."로 바로잡아야 한다.

기지개를 펴고 있다

날씨가 초여름에 접어들 때쯤이면, 냉방기 같은 여름철 상품 판매가 "기지개를 펴고 있다."는 기사가 눈에 뜨이게 된다. 그러나 '기지개를 펴고'는 올바른 표현이 아니다. 우리는 일상적으로, '몸을 쭉 펴고 팔다리를 뻗어 몸을 활기차게 하는 것'을 "기지개를 편다."고 말하고 있지만, "기지개를 켠다."고 해야 올바른 표현이 된다. '켜다'는 "불을 켠다."처럼 '불을 붙이거나 밝히다'는 뜻으로 쓰는 말인데, '기지개'라는 말과도 함께 어울려 "기지개를 켠다."라고 말하는 것이다.

여기에 보태서, '물을 들이마시는 것'도 "물을 켠다."라고 말할 수 있다. 주위에서 보면, 갈증이 나서 물을 벌컥벌컥 마시는 모습을 표현할 때, 물을 시원하게 '들이키는' 모습이라고 말하고 있는데, 이 말은 물을 '들이켜는' 모습이라고 고쳐 써야 올바른 표현이 된다. '물이나 술을 마구 마시다'는 뜻을 가진 말은 '들이키다'가 아니라 '들이켜다'

이다.

'들이키다'는 어떤 물체를 '안쪽으로 가까이 옮기다'는 뜻으로 쓰는 말이다. 예를 들면, "복잡한 통로에서는 사람이 다닐 수 있도록 발을 들이키는 것이 올바른 예절이다."처럼 쓴다.

나름대로 열심히 했다

　"나름대로 열심히 했다."고 하는 말에 우리는 매우 익숙하지만, 온전한 표현은 아니다. '나름'이라는 말은 명사나 동사 다음에 쓰여서 '됨됨이에 달렸다' 또는 '하기에 달렸다'란 뜻을 나타내는 말이다. 이 말이 명사나 동사를 앞세우지 않고 혼자 쓰일 수는 없다. "나름대로 열심히 했다."란 말은 "내 나름대로 열심히 했다."라든지, 말하는 사람에 따라서 "자기 나름대로(또는 '그 나름대로') 열심히 했다."라고 해야 온전한 표현이 된다.

　요즘 젊은 층의 언어생활을 들여다보면 "나름 열심히 했다."는 표현이 자연스럽게 쓰이고 있다. 이 또한 어법에 맞지 않는 말이다. '나름'은 의존명사이지 부사가 아니기 때문에 "내 나름대로 열심히 했다."라든지 '~ 나름으로', '~ 나름의', '~ 나름이다'처럼 명사나 동사 다음에 쓰되 조사를 붙여서 사용해야 한다.

그리고 "내 나름대로 깨우쳤다."처럼 '깨우치다'는 말을 자주 쓰고 있는데, 이 말은 '깨닫게 하다'는 뜻을 가진 사동 표현이다. "잘못을 깨우치도록 잘 타이르다."처럼 쓰는 말이다. 그런데, '깨치다'라고 써야 할 자리에 이 '깨우치다'를 남용하는 경우가 있다. 스스로 깨달아 알게 될 때에는 "글을 깨치다."처럼 '깨치다'로 써야 한다. 이 경우에 "글을 깨우치다."라고 하면 잘못이다. "내 나름대로 깨우쳤다."는 말도 "내 나름대로 깨쳤다."로 말해야 하겠다.

날으는 슈퍼맨

"하늘을 날으는 비행기"라는 문구가 가끔 눈에 뜨인다. 자동사 '날다'는 규칙적으로 씨끝이 바뀌지 않는, 곧 불규칙 활용 용언이다. 따라서 '날다'는 '나니, 나오, 나는' 들과 같이 끝바꿈하므로 "날으는 비행기"가 아니라 "나는 비행기"이다. 바로잡으면, "하늘을 나는 비행기"가 된다. 또, 드물게는 "하늘을 나르는 비행기"라고 쓰인 문구도 눈에 띈다. '나르다'는 '옮기다, 운반하다'는 뜻을 가지고 있는 타동사이므로, '하늘을 나르는'이라고 하면 '하늘을 옮긴다'는 뜻이 되니, 제아무리 큰 비행기라도 불가능한 일이다.

〈슈퍼맨〉이라는 인기 있는 대중가요가 있다. 이 노래를 부를 때면 누구나 슈퍼맨이 되는 듯한 느낌에 젖어든다. 이때 "나는 슈퍼맨"이라고 하면 두 가지 뜻을 가지게 된다. 하나는 '내가 슈퍼맨'이라는 뜻이요, 또 하나는 '공중을 날아다니는 슈퍼맨'이라는 뜻이다. 그러므로 "나는 나는 슈퍼맨"이라고 하면 '나는 날아다니는 슈퍼맨'이라는 뜻으로도 풀이할 수 있다. 어찌되었든 "날으는 슈퍼맨"이라는 표현은 바르지 않다.

표현의 오류 가운데 문법을 지켜 쓰지 않는 사례들이 많다. "내가 웃긴 이야기 하나 해줄까?"라는 문장도 그 가운데 하나다. '웃긴 이야기'는 "그때 가장 많은 사람을 웃긴 이야기가 뭐였지요?"처럼 지나간 일을 말할 때 쓰는 과거형 표현이다. 우스운 이야기를 들려주겠다는 의미로 쓸 때에는 "내가 웃기는 이야기 하나 해줄까?"로 말해야 한다. '웃긴 이야기'와 '웃기는 이야기'는 문법적으로 아주 다른데도 생활 속에서 자주 혼동되어 쓰이고 있다.

남의 구설수에 오르다

상황에 따라 표현을 다르게 해야 하는 말들이 있다. "드디어 사업이 망했다."고 말하면 왠지 어색한 느낌이 든다. 그것은 '드디어'라는 말을 상황에 맞지 않게 사용했기 때문이다. '드디어'는 "드디어 사업이 성공했다."처럼, 긍정적인 말과 함께 써야 하는 부사이다. 사업이 망했을 때처럼 부정적인 상황에서는 "끝내 사업이 망했다."처럼 말해야 자연스럽다. 여자 친구와 헤어진 남자가 "드디어 그녀와 헤어졌다."고 할 때와, "끝내 그녀와 헤어졌다."라고 할 때는 그 말의 뜻이 완전히 서로 다르게 전달된다.

똑같이 회사에서 물러나는 일인데도 정년퇴직을 할 때와 명예퇴직을 할 때에 사용하는 동사가 다르다. "정년퇴임을 맞이하다/맞다." 처럼 긍정적인 상황에서는 '맞다'를 쓰지만, "명예퇴직을 당하다."에서 볼 수 있듯이 부정적일 때에는 '당하다'를 쓴다. 만일 "정년퇴임을 당하다."라고 한다든지, "명예퇴직을 맞이하다."라고 말하면 무척 어색한 느낌이 들 것이다.

또, 자기 이름이 남의 입에 오르내릴 때에도 부정적일 때와 긍정적일 때는 서로 다른 말로 표현한다. 좋지 않은 일로 남의 입에 오르내리면 "남의 구설에 오르다."라 하고, 좋은 일로 남의 입에 오르내릴 때에는 "그 사람의 선행은 널리 회자되었다."처럼 표현한다. 가끔 "남의 구설수에 오르다."라는 말을 들을 수 있는데, 이는 바른 말이 아니다. '구설수'는 구설에 오를 운수를 뜻하므로 "구설수가 있다.", "구설수에 시달렸다."처럼 쓰이는 말이다.

낱개로 포장되었다

　같은 낱말을 나란히 써서 복수를 나타내게 되는 '곳곳이', '번번이', '틈틈이' 들이 있는가 하면, 여럿 가운데 하나하나를 가리키는 '낱낱이'도 있다. 단위를 헤아릴 때 가장 많이 쓰는 말이 '개'(個)라는 한자말이고, 이 개에 해당하는 순우리말이 바로 '낱'이다. 그런데 대부분의 사람들이 하나하나 포장되어 있는 물건을 "낱개로 포장되었다."고 말한다. 두 낱 이상임을 나타내기 위하여 똑같은 뜻의 순우리말 '낱'과 한자말 '개'를 겹쳐 쓴 사례이다. 여러 낱을 가리킬 때 이를 '낱개'처럼 나타내다 보면 우리말 "낱낱"은 사라지게 된다. "낱개로 포장되었다." 대신 "낱낱으로 포장되었다." 하고 말하는 것이 우리말을 보존해 나가는 길이다.

　이처럼 반복을 통해 복수를 나타내는 것 외에, 우리말에는 같은 낱말을 반복하여 뜻을 강조하는 경우도 많다. "아침 바람이 차다."고 할 때의 '차다'를 강조하고자 할 때에는 '차다'를 반복해서 쓰면 된다. 그러니까 "매우 차다."라는 뜻의 말은 '차디차다'가 되는 것이다. 마찬가지 방법으로, "매우 높다.", "무척 곱다."라고 할 때에는 '높디높다', '곱디곱다'처럼 쓰고, "아주 넓다.", "더 없이 붉다.", "몹시 짜다."라는 말들은 각각 '넓디넓다', '붉디붉다', '짜디짜다' 들과 같이 반복해서 쓰면 된다.

다만, 어간이 ㄹ 받침으로 끝나는 '달다'와 '잘다'의 경우에는 '달디달다', '잘디잘다'라 하지 않고, 예외적으로 받침이 탈락해서 '다디달다', '자디잘다'라고 한다. 그리고 '달다'와 '잘다'를 제외한, 나머지 ㄹ 받침이 들어가는 말들, 가령 '길다', '멀다' 들은 받침의 변화 없이 '길디길다', '멀디멀다'라고 말하면 된다.

대범한 도둑

신문 기사문이라든가 뉴스, 방송 자막 등에서 우리말을 잘못 쓰는 사례가 아직도 자주 눈에 띈다. 공공 매체의 말글 사용이 국민 언어생활에 미치는 영향은 생각보다 크기 때문에 관련자들의 주의와 관심은 아무리 강조해도 지나치지 않다.

실례를 들면, 현금인출기 도난 사건을 보도하는 뉴스에서 "용의자는 대범하게도 대로변의 현금인출기를 노렸다."고 말하는데 이는 바른 표현이 아니다. '대범하다'는 말은 "사소한 것에 얽매이지 않으며 너그럽다."는 뜻의 낱말이다. "고구려인의 대범한 기상" 따위에 부려쓰는 말이다. 도난 사건에서는 범인이 겁이 없다는 것을 나타내므로 "담력이 크다."는 뜻의 '대담하다'는 말이 어울린다. "용의자는 대담하게도 대로변의 현금인출기를 노렸다."가 바른 표현이다.

학교에서 학생들이 밥을 먹고 탈이 난 것을 두고 "학교에서 급식을 먹고"라고 보도하는 것도 잘못이다. '급식'은 "먹을 것을 공급하는 행위"를 말하지, 먹을 것 자체를 가리키는 말이 아니다. 이때에는 "학교에서 급식한 밥을 먹고"로 고쳐서 말해야 한다. 신문의 사건 관련 기사에서도 전치 몇 주의 '부상을 입었다'는 표현을 자주 쓰는데, '부상'이란 말에 이미 "상처가 생겼다."는 뜻이 들어 있으므로 올바르지 않다. "부상을 당했다."라고 하든지, "상처를 입었다."로 고쳐 쓰는 것이 바람직하다. 마찬가지로 '피해를 입다'는 말도 "피해를 당하다."나 그냥 "해를 입다."로 고쳐 써야 한다.

두리뭉실한 사람

　말이나 행동이 분명하지 않은 상태를 흔히 '두리뭉실하다', '두리뭉실한 사람' 또는 '두리뭉술하다', '두리뭉술한 사람'이라고 말할 때가 있는데, 올바른 표현이 아니다. 이 말들은 '두루뭉수리'에서 비롯하였다. '두루'라는 말은 "빠짐없이 골고루"라는 뜻이고, '뭉수리'는 "모가 나지 않음"이라는 뜻이다. 그래서 '두루뭉수리'라고 하면 "이것도 아니고 저것도 아니게 또렷하지 않은 모양"을 가리킨다. "구렁이 담 넘어가듯 두루뭉수리로 넘기면 안 된다."처럼 쓰는 말이다. 이 '두루뭉수리'를 줄여서 '두루뭉술'이라고 하기 때문에, '두리뭉실하다'나 '두리뭉술하다'가 아니라, '두루뭉술하다'고 해야 한다.

　이 '두루뭉수리'와 비슷한 경우로, 말이나 행동을 적당히 살짝 넘기는 것을 "어물쩡 넘어간다."고 하는데, 이때에도 '어물쩡'은 올바른 말이 아니다. "말이나 행동을 일부러 분명하게 하지 않고 적당히 살짝 넘기는 모양"은 '어물쩡'이 아니라 '어물쩍'이다.

어떤 일이든 두루뭉술하게 대처하거나 어물쩍 넘기게 되면, 결국은 그 일에 빠삭한 누군가에게 꼬투리를 잡히게 마련이다. '빠삭하다'는 말은 "어떤 일에 대해 아주 잘 알거나, 통달한 것"을 가리킬 때 쓰인다. "마른 잎이나 종이를 가볍게 밟을 때 나는 소리"를 '바삭 바삭'이라고 표현하는데, 이보다 센 소리가 '빠삭'이다. 그래서 '빠삭하다'고 하면, 아주 작은 소리도 알아차릴 정도로 세세한 것까지 잘 알고 있다는 뜻이 된다. "그는 방송에 빠삭하다.", "이분은 부동산에 대해서는 빠삭하게 꿰고 있다."처럼 쓴다. 속어나 사투리로 생각하는 사람이 많은데, 이 말은 표준말이다.

두 살박이 아이

요즘 영재 교육에 대해 관심이 많다 보니, 이제 두세 살밖에 안 된 아기에게 한글은 물론 한자나 영어까지 가르치는 분들이 적지 않다고 한다. 그러나 교육학자들은 이렇게 지나친 조기교육에 대해 부정적이다. 갓 우리말을 배우기 시작하는 두 살배기, 세 살배기에게 생소한 외국어를 가르치게 되면, 우리말조차 온전하게 습득하지 못하게 된다. 외국어 교육은 중학교부터 시행해도 늦지 않다. 언어는 기본적으로 동일한 체계를 가지고 있으므로, 우리말을 잘 하는 아이가 외국어도 빠르고 정확하게 배울 수 있다.

두 살이나 세 살 된 아기를 흔히 '두 살박이', '세 살박이'처럼 말하는 경우가 있는데, 어린아이의 나이를 나타내는 말 뒤에 붙어서 '그 나이를 먹은 아이'라는 뜻을 갖는 말은 '-박이'가 아니라 '-배기'이다. 곧 "두 살박이 아이"가 아니라, "두 살배기 아이"가 바른말이다. 이에 비해 '-박이'는 뭔가 박혀 있는 사람이나 물건을 말할 때 붙여 쓰는 뒷가지로서, '점박이'라든가 '덧니박이' 등처럼 부려 쓴다.

이러한 경우 외에, '겉보기보다 나이가 많이 든 사람'을 가리키는 '나이배기'라든지 '공짜배기' 등에서도 '-배기'가 쓰인다. '-배기'가 들어가는 말 가운데 '뚝배기'라는 말이 있다. 그런데, '뚝배기'와 '곱빼기'의 경우, 다같이 [-빼기]로 발음되고 있지만, 표기할 때에는 '뚝배기'는 '-배기'로, '곱빼기'는 '-빼기'로 적어야 한다. 흔히 곱빼기가 두 배라는 인식 때문에 '곱' 뒤에 '배'가 오는 줄 알고 있지만, 이미 '곱'이 두 배를 나타내므로 다시 '배'를 붙일 까닭이 없다. '곱' 뒤에 붙는 '-빼기'는 '이마빼기, 코빼기'처럼 쓰이는 순우리말이다.

두터운 외투를 입었다

우리가 자주 쓰고 있는 말들 가운데에는 형태가 비슷하지만 쓰임은 다른 말들이 많이 있다. 그 가운데는 형태가 아주 비슷한 두 낱말이 각각 구체적인 경우와 추상적인 경우로 구별해서 쓰이는 예도 있는데, '두껍다'와 '두텁다'도 그러한 사례이다.

겨울날 추운 날씨에는 흔히 "두터운 외투를 입었다."는 말을 들을 수 있는데, 이 말은 올바른 표현이 아니다. 이때에는 "두꺼운 외투를 입었다."처럼, '두꺼운'으로 말해야 한다. '두껍다'는 "얼음이 두껍게 얼었다."처럼, '두께가 크다'는 뜻인 반면에, '두텁다'는 "두 사람의 정이 매우 두텁다."와 같이, '서로 맺고 있는 관계가 굳고 깊다'는 뜻으로 쓰이는 말이다.

이 두 낱말의 차이는 구체적이냐 추상적이냐에 있다. 구체적으로 보거나 느낄 수 있는 두께는 '두껍다'이고, 보이지 않는 추상적인 두께는 '두텁다'이다. 이런 예 가운데 '썩다'라는 낱말도 있다. '썩다'는 "음식물이 썩었다."처럼 '어떤 물체가 부패하다'는 구체적인 뜻도 가지고 있고, "아들 때문에 속이 무척 썩는다."처럼 '마음에 근심이 가득 차서 괴롭다'는 추상적인 뜻도 가지고 있다. '썩다'가 '썩게 하다'라는 사동사로 쓰일 때에는, 구체적인 경우에는 "음식물을 썩혔다."처럼 '썩히다'가 되는 반면에, 추상적인 경우에는 "아들이 속을 썩여서 힘들다."처럼 '썩이다'가 된다.

드셔 보세요

요즘 텔레비전을 켜면 방송 채널마다 으레 음식 관련 프로그램이 방영되는 것을 볼 수 있다. 몇몇 요리사들은 '셰프'라는 낯선 이름으로 큰 인기를 누리고 있기도 하다. 흔히 '먹방'이라 불리는 이들 프로그램에서는 출연자들마다 음식 맛을 표현하는 기발한 미사여구를 쏟아내느라 여념이 없다. 그러나 맛을 표현하는 미사여구보다 중요한 것이 있다. 그것은 우리말을 올바르게 사용하는 것이다.

방송을 보다 보면, 상대방에게 음식을 권할 때에 가장 흔하게 쓰는 표현이 "드셔 보세요."라는 말임을 알 수 있다. 과연 바른 말일까? 고기를 잡으라는 말을 높여 말할 때에는 "고기를 잡아 보세요."라고 하면 되고, 물을 마셔 보라는 말도 "물을 마셔 보세요."라고 하면 된다. "고기를 잡으셔 보세요.", "물을 마시셔 보세요."라고 하지는 않는다. 마찬가지로, "노래 부르셔 보세요.", "한 말씀 하셔 주세요." 들은 말이

안 된다. 서술어가 둘 이상 이어질 경우, 맨 마지막 말만 높임말을 쓰는 것이 우리말의 올바른 어법이다.

따라서 높임말을 써야 할 상대에게 음식을 권할 때에는 "드셔 보세요."가 아니라, "들어 보세요.", "드십시오."로 하는 것이 옳다. 물론 웃어른에게는 "드십시오." 하는 말보다는 "잡수십시오."가 더욱 정중한 말이다. 그러므로 나이가 많으신 분께는 "할아버지, 더 잡수십시오."라고 말하는 것이 올바른 예절이다. '음식을 들다'는 '음식을 먹다'의 또 다른 표현일 뿐, 그 자체가 높임말은 아니다. '먹다'의 높임말은 '잡수다'임을 잊지 말아야 하겠다.

떡볶기가 맛있다

'떡볶이'와 '떡 볶기'를 나란히 써 놓고 보면, 어느 것이 올바른 표기인지 헷갈릴 수가 있다. '떡 볶기'는 떡을 볶는 행위를 말하고 '떡 볶기'처럼 띄어 써야 한다. '떡볶이'는 떡을 볶아 놓은 음식을 가리킨다. 그러니까, "떡볶이가 맛있다."에서는 '떡볶이'이고, "떡 볶기가 재미있다."에서는 '떡 볶기'이다. '구두닦이'와 '구두 닦기'도 마찬가지이다. 구두 닦는 일을 직업으로 하는 사람은 '구두닦이'이고, 구두를 닦는 행동을 가리켜 말할 때에는 '구두 닦기'이다. "구두닦이라고 해서 구두 닦기가 즐거운 것만은 아니다."라고 구별해서 쓸 수 있다.

이처럼 '볶다', '닦다'와 같은 말들은 그 명사형인 '볶기', '닦기' 외에 각각 음식 이름('-볶이')과 직업 이름('-닦이')을 나타내는 뒷가지로도 쓰임을 알 수 있다. 한 가지 예를 더 들면, '곱꺾이'란 말도 '꺾다'가 일을 나타내는 뒷가지('-꺾이')로 쓰인 경우이다. '곱꺾이'는 "뼈마디를

오그렸다가 다시 폈다 하는 일"을 뜻하는 말이다. 또 음악에서 노래를 부를 때, "꺾이는 부분에 가서 소리를 낮추었다가 다시 소리를 돋우어 부드럽게 불러 넘기는 일"을 가리키기도 한다. '곱꺾기'가 아니라 '곱꺾이'임에 주의하자.

글을 쓸 때, '꺾다', '낚다', '닦다', '볶다' 들처럼 어간 말에 쌍기역(ㄲ)이 오는 말들이 가끔 혼란을 준다. 중학생들에게 받아쓰기를 시켜 보면, 뜻밖에도 '꺾다'를 '꺽다'로, '낚시'를 '낙시'로, '낙지'를 '낚지'로 쓰는 경우를 볼 수 있다. 쌍기역 받침이 헷갈리고 있다는 증거이다. 하지만 그 용례가 많지 않으니, 잘 살펴 쓰면 어렵지 않다.

먼지 걷힌 하늘이 파랍니다

미세먼지가 걷힌 파란 하늘을 보고 싶은 나날이다. 본디 '파랗다' 라는 용언이 활용할 때에는 어간인 '파랗-'의 받침 히읗이 ㄴ이나 ㅁ으로 시작되는 어미 앞에서 탈락한다(ㅎ불규칙활용). 그래서 '파랗다'가 '파라니', '파라면'으로 ㅎ이 탈락해서 쓰이고, '빨갛다'가 '빨가니', '빨가면'으로 변하여 쓰인다. 이에 따라 꽃이 빨갛다고 할 때, '빨갛네'와 '빨가네' 중 '빨가네'가 바른 표현이라고 인정되어 왔다. 그러나 2016년 1월부터 국립국어원은 현실의 쓰임을 반영하여 '파랗네', '빨갛네' 들과 같이 'ㅎ'을 탈락시키지 않고 쓰는 것도 인정하기로 하였다.

또한 종결어미 '-습니다'가 결합하는 경우는 'ㅎ'이 탈락하는 환경이 아니므로 '파랍니다'가 아니라 '파랗습니다'와 같이 활용한다는 것에 주의해야 한다. 따라서 "미세먼지가 걷힌 하늘이 파랍니다."는 말은 "미세먼지가 걷힌 하늘이 파랗습니다."로 바로잡아야 한다. 마찬가지로 "우리 집 마당에 핀 봄꽃이 빨갑니다."도 "우리 집 마당에 핀 봄꽃이 빨갛습니다."로 말해야 올바른 표현이 된다.

승부를 예측하면서 "내 생각이 맞다면 우리가 이길 것이다." 또는 "내 생각이 맞는다면 우리가 이길 것이다."라고 할 때, '맞다면'과 '맞는다면'도 무척 혼동되는 표현이다. '맞다면'에 쓰인 '-다면'은 '-다고 하면'의 준말인데, 이때의 '-다고'는 형용사 어간 뒤에 붙어 쓰이는 말이다. 반면에 '맞는다면'에 쓰인 '-는다면'의 원말은 '-는다고 하면'인데, '-는다고'는 'ㄹ'을 제외한 받침 있는 동사 어간 뒤에 붙어 쓰인다. 따라서 '맞다'는 형용사가 아니라 동사이기 때문에, "내 생각이 맞는다면 우리가 이길 것이다."처럼, '맞다면'이 아니라 '맞는다면'을 써야 하는 것이다.

모기 물린 데가 간지러워

'가렵다'고 말해야 할 상황에서 '간지럽다'고 표현하는 경우가 있다. 가령, "등허리가 무척 간지러워."라든지, "모기 물린 데가 생각보다 간지러워."처럼 말하는 예가 흔하다. 그러나 이때에는 "등허리가 무척 가려워.", "모기 물린 데가 생각보다 가려워." 들처럼 '가렵다'로 쓰는 것이 알맞은 표현이다. '가렵다'는 '살갗에 긁고 싶은 느낌이 있을 때' 쓰는 표현이고, '간지럽다'는 '무엇이 살에 살살 닿아 스칠 때처럼 몸이 옹그려지면서 견디기가 어려울 때' 쓰는 말이다.

다시 말하면, 살갗 어느 부분에 긁고 싶은 느낌이 들면 그것은 가려운 것이고, 누가 귓속에 입김을 호오 불어넣는 것처럼 어떤 상황으로 몸이 움츠러들면서 견디기 어려우면 간지러운 것이다. 거북한 일을 볼 때에 '낯이 간지럽다'고 하든지, "아기는 엄마의 손길이 간지러워 몸을 움츠렸다."고 하는데, 이를 '가렵다', '가려워'로 말하는 이들은 거의 없다.

　'간지럽다'는 '가렵다'와는 달리, 몹시 어색하거나 거북하거나 더럽고 치사하여 마음에 자리자리한 느낌이 있다는 뜻으로 널리 쓰이는 말이다. 살갗의 촉감을 떠나 어떤 상황에 대한 감정을 나타내는 말인 셈이다. 총선 때만 되면 지역구에 출마한 후보자를 출근길 지하철역에서 만나게 된다. 허리까지 숙여가며 잘 다녀오시라고 인사를 하는데, 평소에는 얼굴도 보기 어려운 국회의원의 극진한 인사를 받으며 왠지 간지러운 느낌이 드는 것은 단지 편견 때문일까?

목이 두꺼운 처자?

　사람의 용모를 표현하면서 '목이 두껍다', '팔뚝이 얇다'라고 말하는 경우가 있는데, 형용사를 잘못 선택한 사례이다. 목이나 허리라든가, 팔뚝, 종아리 등의 굵기를 나타낼 때에는 '굵다', '가늘다'로 말해야 한다. '목이 두꺼운 남자'가 아니라 '목이 굵은 남자'이고, '팔뚝이 얇은 여자'는 '팔뚝이 가는 여자'라 해야 맞다. '종아리가 얇다'가 아니라 '종아리가 가늘다'이고, '허리가 두껍다'가 아니라 '허리가 굵다'로 말해야 옳다. 이런 말들은 사실 어렸을 때 우리말을 처음 배우는 단계에서 익혔던 말들인데, 이렇게 자기도 모르게 혼동하고 있는 것이다.

　물체의 굵기와 두께는 엄연히 구별해서 써야 한다. '두껍다'는 물체의 두께가 보통의 정도보다 크다는 뜻으로 쓰이고, '얇다'는 그 반대로 두께가 작다는 뜻으로 쓰인다. 가령 "안젤리나 졸리처럼 두꺼운 입술이 그의 매력이다."처럼, 우리 몸에서도 입술의 두께를 이렇게 표현할 수 있는 것이다. 이에 비해서 '굵다'는 "손마디가 굵어서 반지가 잘 들어가지 않는다."처럼, '길쭉한 물체의 둘레가 크다'는 뜻으로 많이 쓰인다. 이와 반대로 "머리카락이 가늘다."와 같이 둘레가 작으면 '가늘다'라고 표현한다. 더 이상 굵기와 두께를 혼동하지 않아야 하겠다.

문 잠궈!

겨울철 밥상의 주인공은 대개 된장찌개와 갓 담은 김장 김치이다. 하기야 요즘엔 비닐하우스 재배가 보편화하여 한겨울에도 온갖 나물이 생산되니, 옛날보다야 싱싱한 찬거리들이 많을 것이다. 그렇더라도 우리네 밥상에서는 김치를 따를 적수는 없다. 특히, 사먹는 김치보다는 직접 담근 김장 김치 맛은 별미이다. 이때 "김장을 담궜다."는 말은 올바른 표현이 아니다. 기본형이 '담구다'가 아닌 '담그다'이므로, '담가', '담가서', '담갔다' 들처럼 부려 써야 한다. 따라서 "김장을 담궜다."는 말은 "김장을 담갔다."로 쓰는 것이 바르다.

마찬가지로, "문 잠궈!", "나올 때 현관문을 꼭 잠궈라.", "네, 단단히 잠궜어요." 들처럼, '잠궈', '잠궈라', '잠궜다', '잠궜어요'로 말하는 것도 바루어야 한다. 이때에는 각각 '잠가', '잠가라', '잠갔다'. '잠갔어요'가 바른 말이다. 앞에서 말한 '담그다'처럼, 이 경우에도 '잠그다'가

기본형이기 때문이다.

그러나 이와는 달리, "뜨겁게 달궜다.", "찬물에 헹구다."에서와 같이 기본형이 '달구다', '헹구다'와 같은 경우에는 '달구어/헹구어', '달구어라/헹구어라', '달구었다/헹구었다' 들처럼 쓰게 되므로, 이를 '달궈/헹궈', '달궈라/헹궈라', '달궜다/헹궜다'로 줄여 쓸 수 있다. '담그다'나 '잠그다'와는 표기가 다르니 유의해야 하겠다.

민원실로 신청하시기 바랍니다

　　정부 문서나 각종 공문서에 보면, "이번 안건에 대하여 아래와 같이 처리함."이란 문구가 흔하게 나타난다. 이 문장은 매우 어색하다. 처리하는 대상이 '안건'이라면 당연히 목적어로 대접해서 '이번 안건은 아래와 같이 처리함'이라고 하는 것이 옳다. '대하여'는 끼어들 자리가 아닌데도 주책없게 자리를 차지하고 있는 것이다. '대하여'는 "~을 대상으로 하여"라는 뜻으로, '말하다'나 '설명하다', '논하다' 같은 말의 앞에 놓여 쓰여야 자연스럽다. 가령 "이번 안건에 대하여 좋은 의견을 말해 보세요."라고 할 때에는 '대하여'가 바르게 쓰였다.

　　또, 각종 공문에서 "실질적인 지원이 이루어지도록", "실질적인 검토가 되도록" 들과 같은 표현들이 많이 쓰이고 있다. 이 문장들은 필요하지도 않은 영어식 표현이 사용되었다. 흔히 '-지다'나, '-되다' 같은 수동태에서 영어식 표현을 직역해 쓰고 있는 사례들을 자주 만난다. 이들 공문의 문장은 "실질적으로 지원할 수 있도록", "실질적으로 검토할 수 있도록" 들로 고쳐야 우리말다운 표현이 된다.

　관공서에서 흔히 눈에 띄는 문구인 "민원실로 신청하시기 바랍니다."에서는 조사 '로'가 잘못 쓰였다. '로'는 일반적으로 옮겨가는 동작이 없는 서술에는 쓰이지 않는다. 가령 "이쪽으로 오십시오."나 "저쪽으로 가십시오."는 옳지만, "어디로 신청하십시오."는 올바른 표현이 아니다. 왜냐하면 신청을 하는 일 자체는 옮겨가는 게 아니라 '어디에' 또 '어디에서' 해야 하는 일이기 때문이다. 따라서 "어디에 신청하십시오."라고 하거나 "어디에서 신청하십시오."라고 해야 맞는 표현이다. "민원실로 신청하시기 바랍니다."는 "민원실에 신청하시기 바랍니다."로 고쳐 써야 한다.

발목을 접질렀다

　날씨가 추워져도 산에 오르는 이들은 이를 아랑곳하지 않는다. 하지만 산에 눈이라도 내리면 녹지 않고 그대로 쌓여 있어서 올라갈 때나 내려올 때 미끄러지지 않도록 조심해야 하겠다. 자칫하면 발목을 삘 수가 있다. 이런 경우에 "발목을 접질러 동료의 부축을 받아 내려왔다."라든지, "산에서 발목을 접지르면 무척 위험해진다."와 같이, '접지르다'란 말을 흔히 사용하고 있다. 그러나 이때는 '접지르다'가 아니라 '접질리다'가 바른말이다. "발목을 접질려 동료의 부축을 받아 내려왔다.", "산에서 발목을 접질리면 무척 위험해진다."처럼 고쳐 써야 한다.

　'접질리다'는 "심한 충격으로 지나치게 접혀서 삔 지경에 이르다." 는 뜻을 나타내는 말이다. 문장 안에서 '접질리어, 접질려, 접질리니'처럼 활용된다. 이 말의 기본형을 '접지르다'로 잘못 알게 되면 과거형 또한 '접질렀다'로 표현하게 된다. 그러나 '접질렀다'는 바른말이 아니다. "눈길에 넘어져서 팔을 접질렸는데, 정말 불편했습니다."처럼 사용해야 바른 표현이 된다.

'접질리다'와 비슷한 말로 '겹질리다'라는 말이 또 있다. '접질리다'와 활용형도 같다. "몸의 근육이나 관절이 제 방향대로 움직이지 않거나 지나치게 빨리 움직여서 다칠" 때 겹질렸다고 한다. 예를 들면, "팔을 잘못 짚어 팔목이 겹질렸다."라든지, "차에서 내리다 발목을 겹질렸다."처럼 쓰는 말이다. 마찬가지로 '겹지르다'는 말은 없기 때문에 '겹질러', '겹지르면', '겹질렀다' 들은 바른말이 아니다.

발자국 소리

눈이 와서 길이 미끄럽거나 도로 한쪽에 교통사고가 나서 차가 잘 달리지 못할 때가 있다. 아침 출근길에 이런 일이 생기면 지각하는 경우가 많은데, 이럴 때엔 너나없이 "차가 막혀서 지각했다."고 말한다. 그러나 '차가 막히다'라는 말은 올바른 표현이 아니다. '막히다'는 말은 '길이 막히다'라는 경우에나 쓸 수 있는 것이지, 차가 막힐 수는 없다. 이때에는 도로 사정이 좋지 않거나 차들이 너무 많아서 '밀리는' 것이다. 이렇게 자꾸 차들이 밀리게 되면 나중에는 '길이 막히게' 되는 것이다. 그러므로 '차가 막히다'라는 말은 '차들이 밀리다'로 고쳐 쓰거나, 아니면 '길이 막히다'라고 표현해야 한다.

이처럼 뜻을 잘못 전달하고 있는 말들은 주변에서 생각보다 많이 쓰이고 있다. "맨발 벗고 뛰어라."고 하는데, 발을 벗는다는 것은 이치에 맞지 않는 표현이다. 이 말은 "신발 벗고 뛰어라." 또는 "맨발로 뛰어라."로 고쳐 써야 하겠다. 또, 아이들을 회초리로 때릴 때, 흔히 "종아리 걷어!" 하고 말하는데, 이것도 표현이 잘못된 사례 가운데 하나이다. 걷어 올리는 것은 바지 자락이지 종아리가 아니다. 이때에 는 "바지 걷어!"라고 고쳐 써야 하겠다.

　　한 가지 사례를 더 들면, "발자국 소리도 안 들렸는데 언제 왔어?" 라고 말하는 것처럼, '발자국 소리'란 표현에 대해 우리는 무척 익숙해 있다. 그래서인지 우리가 잘 아는 시 작품에서도 "그리로 들리는 병사 의 발자국 소리들!"과 같은 구절을 볼 수 있다. 그런데, '발자국 소리'란 어떤 것일지 아무도 설명할 수 없을 것 같다. '발자국'은 '발로 밟은 곳에 남은 자취'를 말한다. 이 자취는 눈으로 볼 수 있는 대상이지 소리로 들을 수 있는 것이 아니다. '발자국'을 보고 뒤를 따를 수는 있어도 '발자국 소리'를 듣고 뒤따라 갈 수는 없다. 이때에는 '발자국 소리' 대신 '발걸음 소리'로 말하면 된다. 그러니까 눈에 보이는 것은 '발자국' 모양이고, 귀에 들리는 것은 '발걸음' 소리이다.

버스가 너무 늦게 가요

가끔 '액수가 크다'는 말을 들을 수 있다. "서민들이 감당하기에는 분양가 액수가 너무 크다."처럼 표현하고 있다. 그러나 액수는 돈의 크기가 아니라 돈의 양을 가리키는 말이므로 '많다, 적다'로 표현해서 "분양가 액수가 너무 많다."로 말해야 한다. 액수가 '크다, 작다'로 하지는 않는다.

이러한 혼동은 '작다'와 '적다'에서도 자주 나타나는 것을 볼 수 있다. "이웃에 대한 작은 관심이 사회를 튼튼하게 한다."는 표어에서, '작은 관심'이냐 '적은 관심'이냐가 논란이 된 적이 있다. 흔히 '작은 관심'이라고 말하고 있지만, '관심이 작다/크다'가 아니라 '관심이 적다/많다'가 바른 표현이기 때문에, '적은 관심'이라고 해야 한다. 반면에, 어떤 규모나 중요성을 말할 때에는 '작다'가 바른 말이다. 그래서 '작은 실수'라 하지 '적은 실수'라고 말하지는 않는다.

이 밖에도 "버스가 너무 늦게 가요."라든가, "엘리베이터 속도가 늦어."라고 말하는 경우가 흔하다. 그러나 이 말들은 모두 잘못이다. 이때에는 "버스가 너무 느리게 가요.", "엘리베이터 속도가 느려."와 같이 '늦다'를 '느리다'로 고쳐서 말해야 한다. '늦다'는 "버스가 예정보다 늦게 왔다.", "약속 시간에 늦었다."처럼 정해진 시각보다 뒤져 있는 상태이고, '느리다'는 "배트 돌아가는 속도가 느려요."처럼 움직이는 데 걸리는 시간이 길다는 뜻이다.

벚꽃 핀 지도 한창 되었다

이십사절기 가운데 하나인 곡우 무렵이 되면 농가에서는 못자리를 만들기 위해 볍씨를 담그게 된다. 곡우를 지나면서부터 본격적인 농사일이 시작된다고 할 수 있다. 그래서 곡우에 가뭄이 들면 그해 농사에 큰 어려움을 주기 때문에, 절기 이름도 '곡식을 윤택하게 하는 비'란 뜻으로 '곡우'라고 한 것이다. 순우리말로 이 날을 '단비'라고 부른다. 곡우 무렵에 내리는 비는 말할 것 없이 단비이다.

이때쯤이면 나라 안 곳곳에 벚꽃이 한창이다. 그런데 이 '한창'이라는 말이 가끔 엉뚱한 곳에 쓰일 때가 있다. "벚꽃 핀 지도 한창 되었는데, 아직도 겨울옷을 입고 있니?"처럼 표현할 때에도 더러 '한창'이란 말을 쓰는데, 이것은 잘못 쓰고 있는 것이다. '한창'이란 말은 "일이 왕성하고 무르익을 때"라는 뜻으로 "지금 곳곳에는 벚꽃놀이가 한창이다."처럼 쓰이고, 또 "일이 무르익고 활기 있게"라는 뜻으로 "대학에 들어가면 한창 공부해야 할 텐데, 우리 집 아이들은 놀기만 한다." 처럼 쓰인다.

그러므로 "벚꽃 핀 지도 한창 되었다.", "떠난 지 한창 되었다."고 하면 어울리지 않는다. 이럴 때에는 '한참'이란 말을 써야 한다. '한참' 은 "시간이 어지간히 지나는 동안"이란 뜻으로, "한참 걸었더니 땀이 난다." 또는 "만나기로 한 친구를 한참 기다려도 오지 않는다."처럼 쓰인다. 그러니까 앞에 든 말은 "벚꽃 핀 지도 한참 되었다."라고 해야 한다.

볕에 그을은 피부

현관에 벗어놓은 신발이 비뚤어져 있기라도 하면 꼭 잔소리를 하고, 함께 장 보러 가면 두부 하나 사는 데도 시시콜콜 간섭하는 남편이 있다. 그 아내는 잔소리하는 남편의 볼에 그때마다 입을 맞춰 주고, 살림살이에 간섭할라치면 먹음직한 안주 만들어 소박한 술상으로 남편을 달래준다. 자디잔 남편, 다디단 아내의 모습이다.

'잘다'는 세밀하고 자세하다는 뜻을 가지고 있지만, 생각이나 성질이 대담하지 못하고 좀스럽다는 뜻으로도 쓰인다. 매우 길다는 뜻의 말이 '길디길다'이고 매우 멀다고 할 때에는 '멀디멀다'이지만, 매우 잘다고 표현하려면 '잘디잘다'가 아닌 '자디잘다'이다. 마찬가지로, 매우 달다고 말할 때 또한 '달디달다'가 아니라 '다디달다'이다. 이 말은 달콤한 사랑을 나타내거나 베푸는 정이 매우 두텁다는 뜻으로도 쓰인다. '잘다', '달다' 따위 말들은 앞의 ㄹ 받침을 지우고 '자디잘다', '다디달다'라고 하는 것에 유의하자.

비슷한 사례로, "햅쌀에 찹쌀을 섞어 매우 찰진 밥을 지었다."라고 할 때의 '찰진 밥'도 '차진 밥'이라고 해야 옳은 말이 된다. 흔히 '땀에 절은 옷', '볕에 그을은 피부'라고 말하고 있지만, 이때에도 '땀에 전 옷', '볕에 그은 피부'라고 해야 바른 표현이 된다. 우리말 받침소리에서 흘러 다니는 ㄹ은 참으로 변화무쌍하다.

부시시한 머리카락

혼자 지내는 연예인의 일상을 비춰주는 방송 프로그램에서, 막 자고 일어난 모습을 나타내는 '부시시한 모습'이란 자막을 보았다. 머리카락이 어지럽게 흐트러져 있는 모양을 나타낼 때, '머리가 부시시하다', '부시시한 머리카락'이라고 말하는 경우가 많이 있다. 이는 모두 '부스스하다'로 바로잡아 써야 한다. "자고 일어났더니 머리가 부스스하다.", "부스스한 머리로 밖에 나갔다."처럼 말해야 올바른 표현이 된다.

이 '부스스하다'의 작은말로 쓰이는 것이 '바스스하다'이다. 머리카락이 조금 흐트러져 있으면 '부스스하다'보다는 '바스스하다'가 어울리는 표현이다. '부스스하다'와 비슷한 말 가운데 '푸시시하다'가 있다. 머리카락이 흐트러져 있을 때라든가, "집 잃은 강아지들은 털이 푸시시하다." 하고 말할 때처럼, "털이 고르지 않고 거친 모양"을 나타낼 때 '푸시시하다'고 말한다. '부스스하다'와는 달리 이 경우에는 '푸시시하다'가 표준말이니 유의할 일이다.

'부스스하다'와 닮은꼴인 '으스스하다'는 "찬 기운이 몸에 스르르 돌면서 소름이 끼치는 듯하다."라는 뜻으로 쓰는 말이다. 이 또한 느낌의 정도에 따라 작은말이 따로 쓰이기도 한다. 곧 "찬 기운이 몸에 사르르 느껴지게 약간 춥다."고 표현할 때에는 '아스스하다'라고 한다. 그리고 '으스스한' 정도는 아니지만 '아스스하다'보다는 조금 더 소름이 끼치는 상태를 나타낼 때에는 '오스스하다'라고 말하면 된다. 이처럼 모음에 변화를 주어 말맛을 다양하게 표현해 낼 수 있으니, 우리말은 얼마나 신비로운가.

분노를 삭히고

　나라 안팎에서 일어나는 끔찍한 범죄에 관한 보도를 대할 때마다 자녀를 키우는 부모들의 마음은 불안할 수밖에 없다. 불안한 마음은 곧 범죄자에 대한 분노로 이어지는데, 언론에서는 "분노를 삭히고 재발 방지에 힘을 모으자."는 기사를 싣기도 한다. 이때 '분노를 삭히고'란 말은 올바른 표현이 아니다. 화가 난 사람의 분노나 울분은 삭히는 것이 아니라 삭이는 것이다. "분노를 삭이고 재발 방지에 힘을 모으자."라고 해야 옳은 표현이 된다.

　'삭다'의 사동형인 '삭이다'는 "긴장이나 화가 풀려 마음이 가라앉다, 분한 마음을 가라앉히다." 또는, "먹은 음식물을 소화하다."라는 뜻을 지니고 있는 말이다. 그래서 "냉수 한 사발을 마시고는 분을 삭였다."라든지, "밥 한 그릇을 다 먹고도 10분이면 삭이고, 또 먹는다."처럼 쓰면 된다. 이와는 달리 '삭히다'는 '음식물이 발효되다'는 뜻을 가진

'삭다'의 사동형이다. 흔히 "김치나 젓갈 따위가 발효되어 맛이 들게 하다."는 뜻으로 쓰이고 있다. 가령 "새우젓을 1년 동안 푹 삭혔더니 맛이 아주 좋다."라든지, "감주는 밥을 삭혀서 만든다."라고 할 때에는 '삭이다'가 아니라 '삭히다'를 써야 한다.

이와 비슷한 경우로, '썩이다'와 '썩히다'도 자주 혼동되는 말들이다. '썩다'는 "음식물이 썩었다."처럼 '어떤 물체가 부패하다'는 구체적인 뜻도 가지고 있고, "아들 때문에 속이 무척 썩는다."처럼 '마음에 근심이 가득 차서 괴롭다'는 추상적인 뜻도 가지고 있다. 이 '썩다'가 '썩게 하다'라는 사동사로 쓰일 때에는, 두 가지 쓰임에 따라 형태가 달라지게 된다. '부패하게 하다'는 뜻일 때에는 "음식물을 썩혔다."처럼 '썩히다'가 되는 반면에, '걱정을 끼쳐 마음을 몹시 괴롭게 하다'는 뜻일 때에는 '썩이다'가 된다. 요즘 어린 아이들을 상대로 한 흉악한 범죄자들은 그 자신이 어렸을 때에도 부모 속을 무척 썩였을 것이다. "아들이 속을 썩여서 힘들다.", "이제 부모 속 좀 작작 썩여라."처럼 쓰는 것이 올바른 표현이다.

정리하면, '음식을 썩히다', '재능을 썩히다', '감옥에서 썩히다'처럼 구체적인 경우에는 '썩히다'를 쓰고, '부모의 마음을 상하게 하다'와 같이 추상적인 경우에는 '썩이다'가 되는 것을 알 수 있다.

사랑을 쓸려거든 연필로 쓰세요

　우리가 평소에 자주 쓰는 말 가운데 발음을 잘못 알고 사용하고 있는 사례가 적지 않다. 물론 아주 쉬운 말에서도 예외가 아니다. 그런 사례 가운데, 우리가 의심 없이 쓰고 있는 '집에 갈려고', '밥을 먹을려고', '일찍 잘려고', '오늘 할려고' 들과 같은 말들이 있다. 잘못 된 발음이다.

　'갈려고'는 동사 '가다'의 어간에 어미 '-려고'가 붙어 쓰인 경우인데, 중간에 'ㄹ' 받침이 불필요하게 끼어들었다. 이 말은 '갈려고'가 아니라 '가려고'가 맞다. '먹을려고'는 '먹으려고'가 맞고, '잘려고'는 '자려고'로, '할려고'도 '하려고'로 해야 올바른 말이 된다. 우리 대중가요 중에 "사랑을 쓸려거든 연필로 쓰세요."라든가, "울려고 내가 왔던가, 웃을려고 왔던가."라는 가사들이 있는데, 이때의 '쓸려거든', '웃을려고' 들도 각각 '쓰려거든', '웃으려고'를 잘못 쓴 것이다.

ㄹ 받침을 붙여서 말하는 경우는 '울다', '날다', '흔들다' 들처럼, 어간이 ㄹ 받침으로 끝나는 말일 때에 한한다. 이때에는 '울려고', '날려고', '흔들려고' 들처럼 말한다. 예를 들어, "이 집을 사려고 한다."와 "이 집에 살려고 한다."에서, '사려고'와 '살려고'는 각각 서로 다른 낱말임을 알 수 있다.

사업을 크게 벌렸다

흔히 "사업을 크게 벌렸다."라든지, "잔치를 벌렸다."라고 말하는 것을 들을 수 있는데, 이것은 올바른 말이 아니다. '벌리다'는 "둘 사이를 넓힌다."는 뜻으로 쓰는 말이다. "두 팔을 벌리다.", "입을 벌리다.", "간격을 벌리다." 이런 말들에서는 '벌리다'로 쓴다. 또, "자루를 벌렸다."라든가 "두 손을 벌렸다."(오므라진 것을 펴)처럼 쓸 때에도 '벌리다'라고 한다. 이런 예들에서 볼 수 있듯이, 물리적인 거리를 떼어서 넓히는 것을 '벌린다'고 할 수 있다.

이와는 달리, "어떤 일을 계획하여 시작하다." 또는 "여러 가지 물건을 늘어놓다."는 뜻으로 쓰는 말은 '벌이다'이다. 앞서 예를 들었던 "사업을 크게 벌렸다."를 바르게 고쳐 쓰면 "사업을 크게 벌였다."가 되고, "잔치를 벌렸다."도 "잔치를 벌였다."로 써야 한다. 그 밖에도 "환경 운동을 벌이다."라든지, "노름판을 벌였다.", "시내에 음식점을 벌였다.", "시장에 좌판을 벌였다." 들과 같은 경우에도 '벌이다'를 쓴다.

곧 '벌리다'는 물리적인 간격을 넓게 하는 것이고, '벌이다'는 어떤 일을 시작할 때에 쓰는 말이라는 것을 알 수 있다.

산수갑산에 가는 한이 있어도

힘든 일이지만 꼭 해내겠다는 의지를 밝힐 때, "산수갑산에 가는 한이 있어도"라는 말을 할 때가 있다. 이 '산수갑산'은 어디일까? 속담의 의미상 누구나 가기 싫어하는 험한 곳인 것만은 분명하다. 마치 '지옥에 가는 한이 있더라도'라는 뜻으로 들리기 때문이다. 하지만 우리가 알고 있는 '산수'는 우리나라의 아름다운 경치를 표현할 때 자주 쓰는 말이다. 어찌된 일일까?

사실 '산수갑산'은 '삼수갑산'을 잘못 쓰고 있는 것이다. 산과 물의 경치를 뜻하는 '산수'란 말에 익숙해서, 또는 '산수'와 '삼수'의 발음을 혼동하여 흔히들 '산수갑산'으로 알고 있을 뿐이다. 이 속담은 경치좋은 곳에 간다는 뜻이 아니라, '험한 곳에 가는 한이 있더라도'라는 뜻으로 쓰이는 것이니, '삼수'는 아주 험한 곳이어야 한다.

'삼수'와 '갑산'은 둘 다 함경도에 있는 군 단위 지명이다. 또한,

두 지역이 모두 옛날 유배지로 알려진 험한 곳들이다. 산세가 워낙 험준하고 맹수가 들끓었기 때문에, 선조들은 최악의 상황에 처했을 때 "삼수갑산에 가는 한이 있어도"라고 말해 왔다.

살을 에이는 찬바람!

기온이 영하로 떨어진 데다가 찬바람까지 불게 되면 손이나 귀가 시리게 되는데, 이때 "살을 에이는 듯한 찬바람"이란 표현을 쓰는 경우가 있다. 그러나 이때는 '살을 에이는'이 아니라, "살을 에는 듯한 찬바람"이라고 하거나, 피동형으로 "살이 에이는 듯한 찬바람"이라 해야 한다. 또, 커다란 슬픔을 겪게 되면 흔히 "가슴을 에이는 슬픔"이라고 표현하고 있다. 예리한 연장으로 도려낸다는 뜻으로 '에이다'라는 낱말을 쓴 것이다. 그러나 이때에도 "가슴을 에는 슬픔"이라 하거나, "가슴이 에이는 슬픔"이라 해야 바른말이 된다. '에이다'는 '에다'의 피동사이기 때문에, 말을 할 때 잘 구별해서 써야 한다.

이처럼 피동형 문장을 혼동하고 있는가 하면, 간단한 동사의 관형형도 잘못 쓰는 경우가 흔히 있다. 가령, 고기나 뼈를 물에 푹 삶는다는 뜻으로 쓰는 낱말은 '고다'인데, 이것을 "푹 고은 소뼈"처럼 쓰는 사례가 자주 있다. 그러나 '고다'의 관형형은 '고은'이 아니라 '곤'이다. 그래서 "푹 곤 소뼈"라고 해야 올바른 표현이다. 마찬가지로 소뼈를 '푹 고으다'가 아니라, '푹 고다'이고, '푹 고으는 동안'이 아니라 '푹 고는 동안'이 바른 표현이다.

'으'를 불필요하게 끼워 넣어서 말하는 사례 가운데 가장 눈에 띄는 말이 '좋으네'이다. "날씨가 참 좋으네."처럼 '좋으네'라고 말하는 것을 자주 들을 수 있는데, '좋다'는 '좋으네'가 아니라 '좋네'로 활용된다. "날씨가 참 좋네."로 말해야 올바른 표현이다. 또, "이 곳에 머물은 지가 얼마나 됐니?"라든가, "낯설은 사람 대하듯 한다."처럼, '머물은', '낯설은'과 같은 말들도 모두 불필요하게 '으'를 끼워 쓴 사례들이다. '머물다'는 '머물은'이 아니라 '머문'으로 활용되고, '낯설다'도 '낯선'으로 말해야 하겠다.

삶의 희노애락이 녹아 있는

사자성어 가운데 '삼춘가절'이라는 말이 있다. 봄철 석 달의 좋은 시절을 뜻하는 말로서, 3, 4, 5월을 삼춘가절이라고 한다. '삼춘가절'처럼, 한자 넉 자로 된 사자성어를 흔히 한자 익은말이라고 한다. 한자 익은말은 우리 선조부터 오랫동안 친근하게 써 왔기 때문에, 우리 언어생활에서 빼놓을 수 없는 부분이 되었다. 그런데 이 한자 익은말 가운데 자주 틀리는 것들이 있다.

"삶의 희노애락이 녹아 있는"과 같이, 가끔 기사문이나 광고문에서 '희노애락'이란 낱말을 볼 수 있는데, 이것은 한자 익은말을 잘못 쓴 것이다. 한자 '기쁠 희' 자와 '노할 노' 자로 되어 있기 때문에 자칫 '희노애락'이라고 옮겨 쓸 수 있겠지만, 이 말은 우리말 말법에 따라 활음조 현상이 일어난 경우로서, '희로애락'이 바른 표현이다. 이렇게 원래의 한자음에서 소리가 변한 말은 흔하게 볼 수 있다. '허락'도 사실은 한자음대로 적으면 '허낙'인데 우리 말법에 따라 '허락'으로 소리가 변한 것이다.

　의지할 곳 없는 홀몸을 가리켜서 '홀홀단신'이라고 하는 경우가 많다. 이것은 우리말 '홀몸'을 연상해서 말하기 때문에 혼동한 경우인데, 이 말은 한자 성어로서 '혈혈단신'이라고 해야 맞다. 그리고 남의 눈을 피해 한밤중에 도망하는 것을 '야밤도주'라고 말하는 경우가 많은데, 이 말은 '야반도주'라고 해야 맞다. '야반'이라는 한자말을 '야밤'이라고 혼동한 것은, '밤중'이라는 우리말에 이끌렸기 때문이다.

새털같이 많은 날

　우리는 흔히, 헤아릴 수 없이 많은 나날을 비유해서 '새털같이 많은 날'이라고 말한다. 그러나 여기서의 '새털'은 '쇠털'을 잘못 쓰고 있는 것이다. 소의 뿔을 '쇠뿔'이라 하듯이 소의 털을 '쇠털'이라 하는데, 그 쇠털만큼이나 많은 날을 가리킬 때 우리 한아비들은 '쇠털같이 많은 날'이라고 비유적으로 써 왔다. '쇠털'의 발음이 '새털'과 비슷해서 잘못 전해진 것인데, 1957년에 한글학회에서 펴낸 『큰사전』에 "쇠털같이 많다."라는 말이 오른 이래로 모든 국어사전에 "새털같이 많은 날"이 아닌 "쇠털같이 많은 날"이 올라 있다. 그러므로 "새털 같은 날"이나 "새털같이 하고많은 날"은 "쇠털 같은 날", "쇠털같이 하고많은 날"로 써야 옳다.

　그렇다고 '새털같이'라는 표현이 모든 경우에 잘못된 것은 아니다. 어떤 사물이 가볍다는 것을 나타낼 때에는 '새털같이'로 비유할 수 있다. "아이를 업어보니 새털같이 가벼웠다."처럼 쓴다. 따라서 '쇠털같이 많다'와 '새털같이 가볍다'를 잘 구별해서 표현하면 우리말을 한층 풍부하게 구사할 수 있게 된다. 예를 들어, '새털구름' 하면 아주 가볍게 떠 있는 구름이고, '쇠털담배' 하면 담뱃잎을 쇠털처럼 잘게 썰어서 담뱃대에 담아 피우는 담배를 가리킨다.

생사 여부가 불투명하게

새해 벽두부터 일본 이시카와현에서 일어난 큰 지진으로 많은 사람들이 희생되었다. 그런데 이번 지진에 대해 언론들이 "실종자들이 무너진 건물 잔해에 깔려 생사 여부가 불투명하게 되었다."고 보도하였다. '생사 여부'가 맞는 말일까?

"생사 여부가 불투명하게 되었다."고 했는데, '생사 여부'란 말 자체가 불투명한 표현이다. '여부'는 "그러함과 그러하지 아니함."이라는 뜻이다. 따라서 상반된 개념을 가진 낱말 뒤에 또다시 '여부'라는 말을 붙여 쓰는 것은 옳지 않다. 예를 들어, "논문의 진위 여부를 조사하였다."라든가, '찬반 여부', '성패 여부' 같은 표현들은 잘못된 것이다. '생사, 진위, 찬반, 성패'라는 낱말들이 이미 서로 상반된 개념을 나타내고 있으므로 그 뒤에 또 '여부'를 써서 '그러거나 그러지 않거나'라는 뜻을 덧붙일 필요가 없다. 곧 '생사', '진위' 속에 이미 '여부'의 뜻이

들어 있는 것이다.

따라서 '생사 여부'를 모르는 게 아니라, '생사'를 모르는 것이므로 "생사가 불투명하게 되었다."이고, 논문의 '진위 여부'를 조사한 게 아니라 "논문의 진위를 조사하였다."고 해야 한다. 연구의 '성패 여부'를 모르는 게 아니라, '성패'를 모르는 것이다. '여부'를 넣어서 말하려면, "실종자의 생존 여부가 불투명하게 되었다.", "논문의 진실 여부를 조사하였다.", "연구의 성공 여부에 달렸다." 들처럼 표현하면 된다.

생선을 졸이다

음식점에 따라 밥을 먹은 뒤에 입가심으로 구수한 국물이 있는 '눌은밥'을 주는 경우가 있다. 음식점에서는 이를 두고 '누룽지'라 하는데, 그렇게 먹는 것은 누룽지가 아니라 눌은밥이다. 누룽지는 밥이 솥바닥에 눌어붙어 딱딱하게 굳은 것을 말하고, 눌은밥은 솥바닥에 눌어붙은 밥에 물을 부어 불려서 긁은 밥을 말한다. 흔히 식사 후에 입가심으로 먹는 구수한 국물이 있는 밥은 누룽지가 아니라 눌은밥이다.

가끔 '생선을 졸이다', '사과를 설탕물에 졸이다'고 적는 경우가 있는데, 올바른 표기가 아니다. '졸이다'는 '마음을 졸이다'처럼 조마조마한 마음 상태를 나타내는 말이다. 양념을 한 고기나 생선을 국물과 함께 바짝 끓여서 양념이 배어들게 한다든지, 채소나 과일을 설탕물에 넣고 계속 끓여서 단맛이 배어들게 하는 것은 모두 '조리다'라고 해야 한다. 음식점에서 '고등어 졸임'이라 써 붙인 것은 '고등어 조림'이라 고쳐 적어야 함을 알 수 있다.

음식점 차림표를 보면 잘못된 표기들이 자주 눈에 뜨인다. 가장 흔하게 보이는 것이 김치찌개나 된장찌개에서 '찌개'를 '찌게'로 적어 놓은 차림표이다. '찌개'는 동사 '찌다'(→익히다)의 어간 '찌-'와, 간단한 기구 등의 뜻을 가진 뒷가지 '-개'가 합하여 이루어진 것이다. [ㅔ]와 [ㅐ] 의 발음을 잘 구별하여 소리 내지 못한 까닭에, '찌개'를 '찌게'로 적는 잘못이 생긴 듯하다.

설 명절은 가족끼리

"설 명절에 즐거운 시간 가지세요."처럼, 우리는 '시간을 가지다/갖다'란 말을 자주 쓰고 있다. 그러나 시간이라는 것은 잠시도 멈추지 않고 흘러가는 자연 현상이다. 어느 누구도 시간을 가질(소유할) 수는 없다. 우리는 흘러가는 시간을 그 시간에 따라 함께 보내는 것이다. 그러므로 '시간을 가지다/갖다'란 말은 '시간을 보내다'로, "즐거운 시간 가지세요."는 "시간을 즐겁게 보내세요."로 고쳐 써야 바른 표현이 된다.

설 연휴를 맞아 너도나도 국제공항으로 가고 있는 한편에는 "설 명절은 가족끼리"라는 구호도 가끔 보인다. 그런데 '가족끼리'는 올바른 말일까? '-끼리'라는 말은 여럿이 함께 패를 짓는 뜻을 나타내는 말이다. "젊은이들끼리 어울리는 카페"나 "노인끼리 모여 지내는 실버타운"처럼 쓴다. 그러니까 '가족끼리'라고 하면 가족과 다른 가족이 함께 패를 짓는다는 뜻이 된다. 설 명절에 다른 가족과 어울리는 일은 드물다. "설 명절은 가족과 함께"라 고쳐 쓰는 것이 옳다.

　우리 사회에는 가족이 없는 분도 많은데, 이런 분들에게 흔히 "쓸쓸한 설 명절"을 보낸다고 말한다. '쓸쓸하다'는 '날씨가 조금 차고 으스스하다'는 말이다. "오늘 아침은 참 쓸쓸해요."라고 하면 오늘 아침 날씨가 좀 차고 으스스하다는 뜻이다. 그런데 우리는 대부분 이 말을 외롭다는 뜻으로만 쓰고 또 그렇게 받아들이고 있다. 물론 '쓸쓸하다'는 외롭다는 뜻으로 쓰이기도 하지만, 본디 날씨에서 비롯한 말이다. '쓸쓸하다'의 작은말이 '쌀쌀하다'이다. 이렇게 큰말과 작은말의 관계를 생각하면, 이 말을 더욱 폭넓게 사용할 수 있을 것이다.

설 잘 보내세요!

　"설 잘 보내세요!" 풍성한 명절을 앞두고 저마다 정겨운 인사말들을 나눈다. 그러나 설을 잘 보내라는 이 인사말은 그리 바람직하지 않다. 명절에는 조상들에게 차례를 지내기도 하고 헤어져 살던 가족과 친척들을 만나 모처럼 정을 나누기도 한다. 만약 아무 것도 하지 않고 명절을 지냈다면 '명절을 보냈다'라고 말할 수 있겠지만, 차례도 지내고 친척들과 만나 음식도 함께 먹고 했다면 명절을 그냥 보내버린 것이 아니라, '쇤' 것이 된다. 그래서 "명절을 쇠었다."라고 말한다. 따라서 "설 잘 보내세요!"보다는 "설 잘 쇠세요!"가 바람직한 인사말이다. 설 연휴가 끝나고 다시 만났을 때 "설 잘 쇠셨습니까?"라는 인사말은 괜찮지만, "설 잘 보내셨습니까?"라는 인사말은 알맞지 않다.

　'쇠다'라는 말은 꼭 명절을 지내는 것만 이르는 것이 아니다. 생일이나 갖가지 기념일도 '쇠다'라고 말한다. 가령, "생일 잘 쇠었니?" 하면 생일을 맞아 축하 파티도 하고 즐겁게 지냈느냐는 뜻이다. 생일을 그냥 평소처럼 아무것도 하지 않고 지내 버렸다면, 생일을 쉰 것이 아니라 보낸 것이 되겠다. 마찬가지로 "부장님, 어제 결혼기념일 잘 쇠셨습니까?" 하면 결혼기념일에 사모님과 함께 즐거운 시간을 보냈느냐는 인사말이다. 이때, '생일을 보내다'라든가, '결혼기념일을 보내다'라고 말한다면, 아무것도 하지 않고 그 날을 보내버렸다는 뜻이 되겠다. 설을 쇤다는 말은 어느 정도 익숙하지만, 생일이나 기념일을 쇤다는 말은 아무래도 낯설다. 그렇지만 되도록 살려 써야 한다. 우리 낱말들의 본디 자리를 찾아주는 일에 너나없이 힘을 모아가야 할 것이다.

소근소근 속삭이는 밤하늘

어린이 책에서 "별들만이 소근소근 속삭이는 밤하늘에"와 같은 문구를 본 적이 있다. 또, "인부들이 한 곳에 모여 수근거리고 있다."처럼 쓰는 경우도 흔히 볼 수 있다. 모두가 남이 알아듣지 못하도록 낮은 목소리로 말을 주고받는 것을 나타내는 표현이다. 그러나 '소근소근'이라든지 '수근거리다'는 말은 모두 바른말이 아니다. '소근소근'은 '소곤소곤'으로 써야 하고, '수근거리다'도 '수군거리다'로 바로잡아야 한다. '수근덕거리다'도 마찬가지로 '수군덕거리다'로 써야 한다. 작은 발음 차이 때문에 틀리기 쉬운 말 가운데 하나이다.

받침소리를 잘못 내는 경우도 있다. '궁시렁거리다'란 말도 그러한 사례이다. 무언가 못마땅하여 군소리를 듣기 싫도록 자꾸 한다는 뜻으로 많은 사람들이 '궁시렁거리다'라고 말하고 있는데, 이 말은 '구시렁거리다'로 해야 맞다. "뭘 그렇게 혼자 구시렁거리고 있니?"가 올바른 표현이다. 말하는 사람이 어린아이인 경우에는 '구시렁거리다'의 작은 말인 '고시랑거리다'로 표현할 수도 있다. 또, "얼른 나가지 못하고 제자리에서 몸을 움직여 비비대는 것"을 '뭉기적거리다' 또는 '밍기적거리다'라고 말하는 것을 자주 볼 수 있다. 이때에도 역시 발음에 주의해서 올바로 말하면 '뭉그적거리다'가 바른말이다.

소득이 세 갑절 증가했다

'갑절'은 한 수량을 두 번 합친 것을 나타내는 말로서 단위로 쓰이지는 않는다. 어떤 수량의 두 배를 말할 때에는 그냥 '갑절'이라고 하지 '두 갑절'이라고 하지는 않는다는 뜻이다. 마찬가지로, '세 갑절, 네 갑절'이라고 하는 말들도 모두 잘못된 것이다. 이럴 때에는 '세 곱절, 네 곱절'이라고 말한다. '곱절'은 같은 수량을 몇 번이고 합친다는 뜻이고, 우리는 이 말을 단위로 쓰고 있다. 따라서 "농가 소득이 세 갑절 증가했다."는 "농가 소득이 세 곱절 증가했다."로 써야 올바른 표기가 된다.

'갱신'과 '경신'도 자주 혼동되어 쓰이고 있다. '경신'은 "이미 있던 것을 고쳐 새롭게 한다."는 뜻으로서 우리말 '고침'으로 다듬었다. 그런데 고쳐서 새롭게 한다는 뜻인 "단체 협상 갱신"은 "단체 협상 경신"으로도 쓸 수 있지만, "대회 신기록을 경신했다."라든지 "주가가 최고가를 경신했다."처럼 '지금까지의 기록을 깨뜨린다'는 뜻으로 쓸 때에는 이를 '갱신'으로 바꾸어 쓸 수 없다. 반면에, 컴퓨터에서 기존의 정보를 변경하거나 추가, 삭제하는 일을 뜻하는 '갱신'이라든가, 법률관계의 존속 기간이 끝났을 때 그 기간을 연장하는 일을 의미하는 '갱신' 따위는 '경신'이라고 하면 안 된다.

'갑절'과 '곱절', '갱신'과 '경신' 못지않게 '참여하다, 참석하다, 참가하다' 들도 자주 헷갈린다. 간단하게 구별해 보면, '참여하다'는 "어떤 일에 관계하다."의 뜻으로 쓰여 그 일의 진행 과정에 개입해 있는 경우를 드러내는 데에 쓰이는 말이고, '참석하다'는 모임이나 회의에 출석하는 것을 나타낼 때에 쓰는 말이다. 그리고 '참가하다'는 단순한 출석의 의미가 아니라 '참여'의 단계로 들어가는 과정을 나타내는 표현으로 생각할 수 있다.

손이 시려워

어렸을 때, 추운 겨울에 잘 어울리던 노래 가운데, "손이 시려워 꽁! 발이 시려워 꽁! 겨울바람 때문에"란 소절이 생각난다. 그때는 설을 앞두면 귀마개를 하고 밖에서 놀았었는데, 요즘에는 손은 시려도 귀가 시릴 만큼 춥지는 않은 것 같다. 이 노래에서 "손이 시려워"라고 말하거나, 일상생활에서 "귀가 시려울 만큼"이라고 말하는 것은 모두 우리말을 잘못 쓰고 있는 것이다. 찬 것에 닿아서 느낌이 몹시 저린 듯이 괴로울 때 흔히 '시렵다'라고 말하는 경우가 많지만, 이때에는 '시리다'가 올바른 말이다. 우리말에 '시렵다'는 없다. '시려워'는 '시리어'나 '시려'로 고쳐서 말해야 하고, '시려울 만큼'도 '시릴 만큼'으로 바로잡아 써야 한다. "발 시려운 사람"이 아니라, "발 시린 사람"이 맞다.

방송에서 보면, '메어지다'란 말을 자주 쓰고 있다. "가슴이 메어지다.", "목이 메어지게 불렀다."는 말들이 그러한 예들이다. 그러나 이때 '메어지다'는 '메다'를 잘못 쓰고 있는 말이다. 자동사인 '메다'에는 피동형을 만들어주는 '-어지다'와 같은 어미를 붙일 수 없다. 어떤 감정이 북받칠 때 "가슴이 메어졌다."가 아니라 "가슴이 메었다."로 말해야 하고, "목이 메어지게"도 "목이 메게"로 써야 올바른 표현이 된다.

이와 비슷한 용례로 '깨우치다'는 말을 자주 쓰고 있는데, '깨우치다'는 '깨닫게 하다'는 뜻을 가진 사동 표현이다. "잘못을 깨우치도록 잘 타이르다."처럼 쓰는 말이다. 그런데, '깨치다'라고 써야 할 자리에 이 '깨우치다'를 남용하는 경우가 있다. 스스로 깨달아 알게 될 때에는 "글을 깨치다."처럼 '깨치다'로 써야 한다. 이 경우에 "글을 깨우치다." 라고 하면 잘못이다. 반면에, '담배를 피우다'나 '바람을 피우다'에서는 오히려 '피우다'로 써야 맞다. 일부에서는 "담배를 피다.", "담배 피는 사람", "바람을 폈다."처럼 말하고 있는데, 이것은 잘못된 말이다. 이때에는 "담배를 피우다.", "담배 피우는 사람", "바람을 피웠다."로 고쳐서 말해야 한다.

수익률을 높이는 방안

받침소리가 이어져 소리 나는 말들 가운데 잘못 적기 쉬운 말들이 많다. '높다'의 사동형인 '높이다'도 그러한 사례이다. '높게 하다'는 뜻으로 쓸 때 바른 표기는 '높이다'인데 "수익률을 높이는 방안"과 같이 여러 곳에서 '높히다'로 쓰이고 있음을 볼 수 있다. 실제 인터넷 검색창에 '높히다'를 입력해 보면 무수한 글들이 떠오른다. 또, "어떠할 것으로 짐작이 가다."는 뜻으로 쓰이는 '짚이다'를 '짚히다'로 적는다든가, "얼음을 녹이다."라는 말을 "얼음을 녹히다."로 적는 경우, "뚜껑이 덮이다."를 "뚜껑이 덮히다."로 적는 경우가 무척 많다. 이들은 모두 '-히'가 아니라 '-이-'로 적어야 한다.

'돋치다'도 '치'와 '히' 표기가 자주 틀리는 사례이다. 말 속에 상대를 공격하는 뜻이나 내용이 들어 있을 때 "가시 돋친 말을 한다."고 말한다. 하지만 이를 "가시 돋힌 말을 한다."처럼 적는 경우가 무척 많다. '속에서 생겨나 겉으로 나타나다'는 뜻을 지닌 이 '돋다'에 접사 '-히-'를 붙여 피동 표현을 만든 것이 '돋히다'라고 여기기 때문이다. '잡히다', '먹히다'의 형태를 떠올려 자칫 혼동할 수가 있지만, '돋히다'는 잘못된 표현이다.

'돋다'는 '-히-'를 붙여 피동 표현으로 만들 수 없는 자동사이다. '가시 돋힌 말'은 '가시 돋은 말'이나 또는 '가시 돋친 말'로 바꾸어 써야 한다. 이때 '돋치다'는 '돋다'의 피동 표현이 아니라 '돋다'에 강조의 의미를 더하는 접사 '-치-'를 붙여 만든 낱말로, '돋아서 내밀다'는 뜻을 지니고 있다. '넘다'에 '-치-'를 붙여 '넘치다', '밀다'에 '-치-'를 붙여 '밀치다'라고 하는 것과 같다. 마찬가지로 "날개 돋힌 듯 팔렸다."라는 말 또한 "날개 돋친 듯 팔렸다."로 써야 바른 표현이 된다.

순찰을 돌고 있다

"경비원이 순찰을 돌았다."는 말을 자주 듣는다. 올바른 표현일까? '순찰'은 "돌아다니면서 살펴본다."는 뜻의 말이므로, '순찰을 돈다'는 표현은 필요 없이 겹말을 쓴 사례가 된다. 이 말은 "순찰을 하였다."로 고쳐 쓰는 것이 옳다. "경찰이 두 시간마다 순찰을 돌고 있다."라는 문장을 바르게 고쳐 보면, "경찰이 두 시간마다 순찰을 하고 있다."가 된다.

이렇게 필요하지 않은 군더더기를 붙여 겹말을 쓰는 사례는 우리 주변에 무척 많다. "북한 핵 개발에 대한 제재 조치가 반드시 필요하다."는 기사문에도 군살이 들어 있다. '반드시 필요하다'에서 '필요'란 말이 "꼭 소용되는"이란 뜻을 나타내므로 그 앞에 '반드시' 하는 표현은 군살로 붙은 말이다. 또, 일상생활의 대화 가운데 "방금 전에 왔어."란 말에서도 '방금' 뒤에 붙여 쓴 '전'은 필요 없는 군더더기이다. 회의를 할 때, 재적 인원의 '과반수 이상 참석'이라고 하는데, '과반수'가 "반이 넘는 수"를 뜻하기 때문에 그 뒤에 붙은 '이상'이란 말도 군더더기이다. 그냥 '과반수 참석'이라고 하거나, '반수 이상 참석'이라고 표현하면 된다.

방송에서 저명인사의 인터뷰를 들어 보면, "소위 말하는"이란 표현을 자주 쓰고 있는데, 이 말도 같은 뜻을 겹쳐 쓰고 있기 때문에, 그냥 '소위'라고 하거나 순우리말로 '이른바'라고 고쳐야겠다. 그런가 하면 "이번 테러로 부상을 입은 사람"이라는 표현도 올바르지 않다. '부상'이란 말이 이미 "상처가 생겼다."는 뜻을 지니고 있으므로, 그 뒤에 다시 '입다'를 붙여 말할 게 아니라, "부상을 당한 사람"이라고 하든지, "상처를 입은 사람"이라고 고쳐 쓰는 것이 바람직하다.

승객을 실은 여객기

　가끔 신문을 보면, "승객 몇 명을 실은 여객기"라든가 "승객 몇 명을 싣고 가던 버스"와 같은 기사문을 볼 수 있다. 익숙하지만 바람직한 표현은 아니다. 이 기사에 쓰인 '싣다'는 자동차나 배, 비행기 따위에 어떤 물건을 올려놓는다는 뜻을 지닌 낱말이다. 따라서 관광객이 비행기나 유람선에 타고 승객이 버스를 타는 경우에는 '싣다'라는 표현이 알맞지 않다. 사람을 화물처럼 취급할 수는 없는 노릇이다.

　『표준국어대사전』에는 '싣다'의 넓은 뜻으로 "사람이 어떤 곳을 가기 위하여 차, 배, 비행기 따위의 탈것에 오르다."도 포함시켜 놓았지만, 이는 "버스에 지친 몸을 싣고 집으로 향했다.", "그들은 한밤중에 강제로 트럭에 실려 갔다." 들과 같은 제한된 경우를 염두에 둔 풀이일 뿐이다. 자기의 의지대로 탈것에 오르는 일과는 거리가 있다.

　사람이 비행기나 배, 버스 또는 짐승의 등에 자기 의지로 오를 때에는 '타다'라는 표현을 쓴다. "비행기를 타다, 자동차를 타다, 말을 타다."라고 말한다. 그리고 이렇게 사람을 무엇에 타게 하는 행위를 나타낼 때에는 '타다'의 시킴꼴인 '태우다'란 표현을 쓰는 것이 알맞다. 그렇기 때문에 "승객 몇 명을 실은"이란 표현은 "승객 몇 명을 태운"이라 고쳐야 하고, "승객 몇 명을 싣고 가던 버스"가 아니라 "승객 몇 명을 태우고 가던 버스"여야 한다.

승부욕이 강하다

2016년 3월 9일, 광화문의 한 호텔에서 인류와 인공지능 간의 세기의 대국이 펼쳐졌다. 승패를 떠나 우리나라의 이세돌 9단이 인류를 대표하여 대국에 나선 것에 가슴이 벅찼던 날이었다. 한편으로는 인공지능의 놀라운 진화에 대해 인류가 경각심을 갖게 된 또 하나의 계기가 되었다. 이번 대국과 관련된 수많은 언론 보도 가운데, "인공지능은 승리에 필요한 학습과 연산 능력을 갖추었지만, 거기에 승부욕까지 포함한 것이 인간의 능력이다."라는 문장을 보았다. 흔히 시합이나 경기에서 상대방을 꼭 이기겠다는 마음가짐을 '승부욕'이라 말하고 있는데, 사실은 정확한 표현이 아니다.

일반적으로 욕심 욕(慾) 자가 붙어 이루어진 낱말들은 그 앞의 말에 대한 강한 의지를 나타내는 것이 원칙이다. '명예욕'이라 하면 명예를 얻으려는 욕심이고, '출세욕' 하면 출세하려는 욕심을 나타내는 말이다. 이렇게 생각하면, '승부욕'은 승부에 대한 욕심으로 풀이되는데, 여기에서 '승부'는 이길 승(勝) 자와 질 부(負) 자를 써서 "이김과 짐"을 뜻하는 말이다. 따라서 '승부욕'이라 하면 "이기고 지려는 욕심"이라는 뜻이 되므로 올바른 표현이 될 수 없는 것이다.

그래서 이 말은 국어사전에 올라와 있지 않다. 이기려는 욕심이나 그러한 강한 의지를 뜻하려면 '승리욕'이라 하는 것이 이치에 맞다. 하지만 이 말도 아직 사전에 올라와 있지 않으므로, '승리욕'이 국어사전의 한 자리를 차지하기 전까지는 "승부욕이 강하다."는 말은 "꼭 이기겠다는 의지가 강하다."로 바꾸어 말하는 것이 좋겠다.

신발이 자꾸 벗겨진다

쓰임새가 자주 혼동되는 낱말 가운데, '벗어지다'와 '벗겨지다'가 있다. 가령, "신발이 너무 커서 자꾸 벗겨진다."라고 하면 옳은 말일까? 이야말로 '벗어지다'와 '벗겨지다'의 쓰임이 헷갈린 사례이다. 이때에는 "신발이 너무 커서 자꾸 벗어진다."처럼 써야 한다.

'벗어지다'와 '벗겨지다'는 서로 다른 뜻으로 쓰이는 말들이다. '벗어지다'는 "입거나 쓰거나 신거나 끼거나 한 물건이 몸에서 떨어져 나갈 때" 쓰는 말이고, '벗겨지다'는 "벗김을 당하여 벗어질 때" 쓰는 말이다. 그러니까 '벗겨지다'는 저절로 떨어져 나가는 것이 아니라, 어떤 힘이 작용하여 떨어져 나갈 때에 쓰는 말임을 알 수 있다. 내가 신고 있는 신발이 크면 걸을 때마다 '벗어지곤' 하는 것이고, 아이가 신고 있는 신발이 작아서 발에 꼭 맞으면 다른 사람이 벗기려고 해도 잘 '벗겨지지' 않는 것이다.

마찬가지로, 머리숱이 많이 빠져서 머리가 훤하신 분들에게 "머리가 벗겨졌다.", "머리가 벗겨진다."고 하면 안 된다. 이때는 의도하지 않았는데도 머리카락이 자꾸 빠지는 경우이므로 "머리가 벗어졌다.", "머리가 벗어진다."고 해야 한다. "머리가 벗겨진다."고 하면 의도적으로 머리카락을 빠지게 하는 것이므로 바르지 않은 표현이다.

신병 인도를 요구하고 있다

몇 년 전에 〈말모이〉라는 영화가 개봉된 적이 있다. 일제강점기 아래에서 모진 박해에도 굴하지 않고 조선말 사전을 만들어낸 조선어 학회 어른들의 희생을 소재로 한 작품이다. 그 암울한 시기에 우리말을 지켜내 독립의 기틀을 삼았음에도, 광복 80년이 다 되어가는 지금까지 우리는 일본말을 오롯이 떨쳐내지 못하였으니 부끄러운 일이다.

넓은 뜻으로 우리말이라고 하면, '하늘', '땅', '사람'과 같은 순우리말과 '천지', '인간', '세상'과 같은 한자말을 포함하여 이른다. 그런데 우리가 쓰는 한자말 가운데는 우리말 곧 우리식 한자말이 아닌 것들이 무척 많이 섞여 있다. 그 대부분은 일본말이다. 가령 "정부의 납득할 수 없는 인사"라는 기사에 쓰인 '납득'은 일본식 한자말이다. 이와 비슷한 우리식 한자말에 '이해'가 있다. "정부의 이해할 수 없는 인사"라 하든지, 아니면 "정부의 알 수 없는 인사"처럼 우리말로 고쳐 써야 한다.

　"범죄자의 신병 인도를 요구하고 있다."에서, '신병'이란 말도 본디 우리에게는 없는 일본말이다. 이 말은 '몸'이나 '일신', '신상', '신분'과 같은 우리식 한자말로 바꾸어 표현하는 것이 바람직하다. 또 '인도'라는 말 역시 일본말을 한자음으로 읽은 것이다. 이 말은 '건네줌', '넘겨줌'으로 순화해서 쓰도록 권장하고 있다. "범죄자의 몸을 넘겨주도록 요구하고 있다."로 고쳐 쓰는 것이 옳다. 우리말을 두고 일본말을 버릇처럼 쓰다보면, 일본말 잔재 청산은 더욱 더 먼 길이 될 것이다.

신이라 불리우다

몇 년 전 〈신과 함께〉라는 색다른 우리 영화가 흥행에 성공한 적이 있다. 오래 전에 〈신이라 불리우는 사나이〉라는 만화가 인기를 모았던 적도 있었다. 나날살이에서 '불리우다'는 말을 자주 쓰고 있는데 문제가 없을까? "그 사람은 살아 있는 신으로 불리웠다."는 말은 "그 사람은 살아 있는 신으로 불리었다."처럼 '불리웠다'를 '불리었다'로 고쳐 써야 한다. 곧 '신이라 불리우다'는 '신이라 불리다'가 올바른 표현이다. '부르다'의 피동 표현은 '불리다'이지 '불리우다'가 아니다.

일상의 말글살이에서 이처럼 피동형을 만들어주는 도움줄기를 불필요하게 겹쳐 쓰고 있는 사례들이 더러 있다. "땅에 구덩이가 패였다."처럼 '패이다'라고 하는 것도 잘못된 말이다. 본디 골이나 구덩이가 생기게 하는 것을 '파다'라고 하므로, '파다'의 피동형은 '파이다'가 된다. 따라서 "땅에 구덩이가 패였다."는 "땅에 구덩이가 파였다."로, "주름살이 깊게 패였다."는 "주름살이 깊게 파였다."로 고쳐 써야 한다. 이때 '파이다'는 '패다'로 줄어들 수 있기 때문에, "주름살이 깊게 파였다."는 "주름살이 깊게 팼다."로도 쓸 수 있다.

　흐리거나 궂은 날씨가 맑아진다는 뜻으로 쓰는 '개다'도 그렇다. 흔히 "날씨가 개인다."고 말하고 있지만, 이 말은 "날씨가 갠다."고 해야 옳다. 텔레비전의 기상 예보 프로그램에서도 "흐리고 한때 개임"이라든가, "하오부터 개임"이란 말을 자주 들을 수 있는데, 이때에도 물론 '개임'은 '갬'으로 써야 한다. "날이 개였다."가 아니라 "날이 갰다."이고, "비가 개인 뒤에 떠났다."가 아니라 "비가 갠 뒤에 떠났다."이다.

아 는 체 좀 해

송년 모임이 잦은 연말이 되면 한 해 동안 벌여 온 일들을 매조지하고, 가까운 이들과 어울려 일상의 소소한 앙금들을 훌훌 털어버린다. 때로는 수십 년 동안 잊고 살았던 친구에게서 전혀 뜻밖의 송년 모임에 초대되는 경우도 있다. 너무 오랫동안 잊고 살다가 만난 친구들의 모임에 나가게 되면, 첫눈에 잘 알아보지 못하는 경우도 있다. 그래서 무심코 지나치다가, 아는 체 좀 하라고 타박을 받기도 한다.

이처럼 흔히 사람을 보면 인사하는 표정을 지으라는 뜻으로, "아는 체 좀 해라." 또는 "아는 척 좀 해라."처럼 말하고 있는데, 이 말들은 상황에 맞지 않는 표현이다. 이때에는 "알은체 좀 해라." 또는 "알은척 좀 해라."로 말해야 한다. 어떤 일에 관심을 가지는 듯한 태도를 보일 때에나, 사람을 보고 인사하는 표정을 짓는 모습을 나타내는 말은 '알은체' 또는 '알은척'이라는 명사이다. 여기에 '-하다'가 붙어서 '알은체하다' 또는 '알은척하다'로 쓰이는 것이다. "남의 일에 알은체를 (또는 '알은척을') 하다.", "서로 알은체도 (또는 '알은척도) 안 한다." 같은 말들이 바로 이러한 쓰임이다.

만일 "아는 체 좀 해라.", "아는 척 좀 해라." 하고 말하면, 이는 모르면서도 알고 있는 척하라는 뜻이 되므로 말하는 사람의 의도에서 벗어나는 표현이다. "사람을 보면 알은체를 해라."라는 말과 "알지도 못하면서 아는 체는 왜 하니?"라는 말을 잘 비교해 보면 그 차이를 알 수 있을 것이다.

안전하지 않은 안전사고

건설 현장을 지나치다 보면 '안전사고 예방'이란 표지판을 보게 된다. 얼핏 들으면 안전하게 사고를 예방하자는 뜻으로 생각되기도 하고, 사고가 나도 크게 나지 않고 안전하게 나는 사고를 예방하자는 뜻으로도 생각되는 말이다. 그러나 이 문구는 그런 뜻이 아니라, '안전사고'를 예방하자는 뜻으로 붙여 놓은 것이다. '안전사고'란, 안전 수칙을 지키지 않아 일어나는 여러 가지 사고를 가리키는 말이다.

하지만 안전사고란 말에서는 원래의 뜻이 잘 전달되지 않는 듯하다. 그 까닭은 이 말이 처음부터 부자연스럽게 만들어졌기 때문이다. '안전수칙 위반 사고'라 해야 하는 말을 그냥 '안전사고'로 줄여버린 데서 문제가 생겼다. 안전사고란 말을 들으면 그게 아주 위험한 사고라는 느낌이 잘 들지 않는다. 건설 노동자가 작업 중 고층에서 떨어져도 '안전사고'이니, 뭔가 한참 잘못되었다. '안전'이라는 말과 '사고'라는 말은 서로 상반되는 뜻을 가진 말이므로, 이 둘을 합쳐 만든 용어가 자연스러울 리가 없다.

안전 수칙을 지키지 않는 것은 부주의한 것이라 할 수 있으니까, 처음부터 '안전사고'라 하지 않고 '부주의사고'라고 했으면 좋았을 것이다. '안전사고 예방', '안전사고 방지'보다는 '부주의사고 예방', '부주의사고 방지'라 하는 것이 뜻을 더욱 분명하게 전달하기 때문이다.

앗 뜨거!

　말을 할 때는 못 느끼다가도 막상 글로 옮겨 적을 때에는 표기가 헷갈렸던 경험들이 있을 것으로 생각된다. 가령, '사귀다'라는 말을 '사귀어', '사귀었다'처럼 표현할 때 현실적으로 [사겨], [사겼다]로 줄여서 말하고 있지만, 이러한 준말을 옮겨 적을 방법이 없다. 한글에는 '위'와 '어' 소리를 합친 모음자가 없기 때문이다. 일반적으로 [사겨], [사겼다]로 소리 내고 '사귀어', '사귀었다'로 적는다.

　달궈진 프라이팬이나 뜨거운 그릇을 모르고 만졌을 때, "앗 뜨거!" 하면서 비명을 지르는 경우가 있다. 그런데, 이 짧은 비명을 글로 옮겨 적을 때에는 "앗 뜨거!"라고 적으면 안 된다. '뜨겁다'는 '뜨거워', '뜨거우니', '뜨거워서' 들처럼 어미변화가 일어나는 말이므로, 이때에는 "앗 뜨거워!"라고 적어야 한다. 순간적으로 비명을 지르는 거니까 말을 할 때에야 '뜨.거.워.'까지 안 하고 그냥 '뜨거!'라고 소리쳐도 되겠지만,

글로 적을 때에는 맞춤법에 맞게 적어야 한다.

흔히 "(고기를) 구어먹고"라고 적는 것을 볼 수 있는데, 말을 할 때에는 [구어먹다로 발음하는 경우가 많기는 하지만, 이 말을 올바로 쓰려면 "(고기를) 구워먹고/구워먹다"로 적어야 한다. '굽다'는 '구워', '구우니', '구워서' 들처럼 어미변화가 일어나는 말이기 때문이다. 말을 할 때에도 되도록 규범에 맞게 [구어먹다보다는 [구워먹다로 말하는 습관을 기르는 것이 바람직하겠다.

애띤 얼굴

자기 나이에 비해 젊어 보이는 사람은 주위의 부러운 눈길을 받기 마련이다. 동안으로 인기를 모으는 연예인들을 분석해 보면, 아기처럼 이마가 상대적으로 넓고, 눈이 동그랗고 얼굴 전체에 비해 코와 턱의 길이가 약간 짧은 편이라고 한다. 흔히 이렇게 어려 보이는 얼굴을 가리켜 '애띠다', '애띤 얼굴'이라고 한다. 그러나 이것은 바른 말이 아니다.

우리말에 '어리다'는 뜻을 더해 주는 접두사 가운데 '애'라는 말이 있다. 호박에 '애'를 붙여서 '애호박'이라고 하면 어린 호박이 된다. 이 '애'라는 말에 어떤 태도를 뜻하는 '티'가 붙어 '애티'라 하면 "어린 태도나 모양"을 뜻하는 명사가 된다. "애티가 난다."라고 쓴다. 그러나 이 말을 '애티다' 또는 '애띠다'라고 쓸 수는 없다. 이때에는 '애'와 '되다'를 합해서 '앳되다'라고 말해야 한다. 따라서 "애띤 얼굴"이 아니라

"앳된 얼굴"이라 해야 바른 표현이다.

아무리 앳된 얼굴이라 해도 매운 음식을 먹으면 코에 땀방울이 돋게 된다. 이렇게 나는 땀을 표현할 때 "코에 땀이 송글송글 돋았다." 라고 한다. 또는 "목욕탕의 천장에 물방울이 송글송글 맺혔다."라고 말한다. 이때 '송글송글'도 표준말이 아니다. 땀이나 물방울이 살갗이나 표면에 많이 돋아 있는 모양은 '송골송골'이라 표현해야 한다. 가을의 정점인 추분(22일)을 맞아 이른 아침 출근길에 길가 풀잎에 맺힌 이슬방울들이 눈에 띈다. 이 또한 "이슬이 송골송골 맺혀 있다."로 표현할 수 있다.

얌치 같은 계집애

　　나라 안팎의 뉴스를 듣다 보면 염치없는 사람들이 너무 많다. '염치'라는 말의 뜻은 "부끄러움을 아는 마음"이다. 사람들끼리 어울려 사는 사회에서는 누구나 염치가 있어야 한다. 그래야 그 사회가 건강하게 움직인다. 한자말에서 온 이 '염치'는 소리가 변하여 '얌치'로 쓰이기도 한다. '염치'와 '얌치'는 뜻이 같은 말이므로 '얌치'라고 해도 누구나 가지고 있어야 하는 참 좋은 마음을 가리킨다. '염치'나 '얌치'나 이 사회에 꼭 필요한 덕목이다.

　　그런데 우리 주변에서는 흔히 부끄러움도 모르고 행동하는 사람들을 '얌치'라고 부르는 경우가 많다. 텔레비전 드라마에서도 "얌치 같은 계집애!"란 대사가 가끔 나온다. 하지만 이러한 표현은 우리말을 잘못 사용하고 있는 사례이다. 부끄러움을 모르는 사람은 얌치가 없는 사람이고, 얌치가 없는 사람을 우리는 '얌체'라고 한다. "얌체 같은 계집애!"라고 하든지, "얌치없는 계집애!"라고 해야 한다.

'얌치'나 '염치'는 좋은 뜻을 가진 말이다. 거기에 '없다'를 붙여 써야 부정적인 말이 되는 것에 주의하자. 국어사전에서도 "체면을 차릴 줄 알거나 부끄러움을 아는 마음이 없다."는 뜻을 '염치없다'에 달아 놓았다.

양해 말씀 드립니다

'있다'를 높이면 '계시다'가 되는데, '계시다'를 잘못 쓰는 경우를 흔히 볼 수 있다. '갖고 계시다'라는 말이 바로 그렇다. '있다'란 말이 사람의 존재에 대해서는 "방에 계십니다."처럼 '계시다'로 높이게 되지만, 어떤 사물의 소유를 뜻할 때에는 "갖고 있으십니다."처럼 '있으시다'로 높여 말해야 한다. 이를 "갖고 계십니다."라고 하면 틀린다.

마찬가지로, "궁금한 점이 계시면 전화로 문의해 주세요."라는 표현도 높임법을 잘못 쓴 경우가 되겠다. 이때에는 "궁금한 점이 있으시면 전화로 문의해 주세요."로 말해야 한다. 높임말을 쓸 때에는 무엇을 높여서 말해야 하는가에 주의를 기울여서, 올바른 존대 표현을 사용해야 하겠다.

연말이 되면 갖가지 모임이 잦아지게 되는데, 모임을 주최하는 이가 "양해 말씀 드립니다."란 말을 할 때가 있다. 시작 시간이 늦었다든가, 주차 공간이 부족하다는 것을 이해해 달라는 뜻이다. 그러나 이때의 '양해 말씀'이란 표현은 옳지 않다. '양해'는 남의 사정을 잘 헤아려 주는 것이기 때문에, 이런 경우에 양해해 주어야 할 사람은 모임에 참석하는 이들이다. 모임을 주최하는 쪽에서는 참석자들이 양해해 주기를 바라는 것이다. 양해해 주기를 바라는 쪽에서 '양해 말씀'을 드린다고 할 수는 없다. 이때에는 "여러분의 양해를 구합니다."라든지, "양해해 주시기 바랍니다."로 말하면 된다.

얼굴에 뽀드락지가 났어요

졸린 눈꺼풀을 억지로 치켜들고 사무실에 앉아 일하다 보면, 요즘 같은 날씨엔 피부가 문제를 일으키기 쉽다. 간혹 얼굴에 뾰족하게 부스럼이 나서 신경이 쓰이는 경우가 있는데, 이런 부스럼을 흔히 '뽀드락지'라고 부른다. 하지만 '뽀드락지'는 표준말이 아니다. 특히 경상도 지방에서 '뽀드락지'라는 말을 많이 쓰고 있는데, 표준말은 '뾰루지', 또는 '뾰두라지'이다.

얼굴에 뾰루지도 없고 여드름이나 기미도 없이 피부가 맑고 깨끗한 여성 분들은 특별히 화장을 하지 않아도 예뻐 보인다. 이처럼 화장을 하지 않은 여자의 얼굴을 가리킬 때 흔히 '맨얼굴'이란 표현을 사용하지만, 본디부터 표준말이 아니라 최근에야 국어사전에 올라온 말이다. 이럴 때 쓰는 우리말로, 사전에 오래전부터 '민낯'이란 말이 올라와 있다. '민낯'은 꾸미지 않은 얼굴을 뜻하며 '민얼굴'이라 부르기도 한다.

가끔 젊은 세대에서 줄임말로 '쌩얼'이라 하는 것을 들을 수 있는데, 그보다는 우리말 '민낯'을 살려 쓰는 것이 바람직해 보인다.

'맨얼굴'과 '민얼굴'은 그게 그거 아니냐고 생각할 수 있다. 그러나 '맨'은 '맨몸, 맨주먹'처럼 아무 것도 가지고 있지 않다는 뜻을 나타내고, '민'은 '민가락지'나 '민저고리'처럼 '꾸민 것이 없다'는 뜻을 나타낸다. 아무 것도 가지지 않은 얼굴이라기보다는 아무 것도 꾸미지 않은 얼굴이므로, '맨얼굴'보다는 '민얼굴'이 알맞은 표현이라 하겠다.

에어로빅은 다이어트에 좋다

"유산소 운동은 다이어트에 도움이 된다."처럼, 우리는 살을 빼는 모든 행위를 '다이어트'라 말하고 있다. 그러나 다이어트(diet)는 '살찌지 않는 음식'이나 또는 '식이요법'이라는 뜻을 나타내는 영어이다. 흔히 알고 있는 것처럼 '살 빼는 운동'을 가리키는 말이 아니다. 가령 "다이어트하기 위해 수영장에 다닌다."라든지, "에어로빅은 다이어트에 좋다."는 말은 잘못이다. 음식을 조절하여 살을 빼려는 이들은 "다이어트로 살을 빼겠다."고 말할 수 있지만, 운동으로 살을 빼려는 이들은 다른 말을 찾아야 할 것이다. 『표준국어대사전』에는 '다이어트'의 뜻풀이를 "살을 빼기 위해 먹는 양을 줄이거나 먹는 종류를 조절하는 일"로 밝혀 놓았다.

'운동을 통한 살빼기'를 굳이 영어로 표현하려는 사람들은 '웨이트 컨트롤'이라고 하거나 또는 '체중 줄이기'라는 뜻의 '슬리밍 다운'이라는 말을 쓰고 있는 것을 볼 수 있다. 그러나 이렇게 살을 빼는 데조차 영어를 써야 할 만큼 우리말 어휘가 가난한 것은 아니다. '다이어트'와 '슬리밍 다운'은 모두 '살을 뺀다'는 공통의 개념을 표현하고 있다. 그러면 '살빼기'라는 용어를 만들어 쓰면 된다. 식이요법이든, 운동을 통해서이든 모두 '살빼기'라는 우리말을 쓴다면, 어떤 표현이 정확한지 고민할 필요가 없을 것이다.

열차를 바꿔 탔다

여행하다 보면 버스나 열차를 환승하게 되는데, 이를 우리말로 '갈아타다' 또는 '바꿔 타다'로 뒤섞어 쓰고 있다. 서울역에서 열차를 타고 안동에 가려면, 경부선 열차로 영천까지 가서 다른 열차로 옮겨 타야 한다. 이때에 "영천에서 열차를 바꿔 탔다."와 "영천에서 열차를 갈아탔다."라는 표현이 혼동돼서 쓰이고 있다. 이 경우에는 '바꿔 탔다' 보다는 '갈아탔다'가 더욱 알맞은 표현이다.

'환승'에 해당하는 우리말은 '갈아타다'이다. 다시 말하면, '갈아타 다'는 자기 의도대로 탄 것인 데 비하여, '바꿔 타다'에는 자기 의도와는 달리 '잘못 타다'는 뜻이 보태어 있다고도 할 수 있다. 바꿔 탄다는 말에서 '갈아탄다'는 뜻이 다소 느껴질 수도 있지만, 그보다는 '잘못 탄다'는 뜻이 더 강하게 들어 있다.

가령, "서울역에서 4호선을 타야 하는데, 그만 1호선으로 바꿔 탔어." 하면 그 차이를 뚜렷이 알 수 있다. 이때에 '갈아탔다'고 하지는 않는다. 지하철이나 일반 열차 편이나 버스 편이나, 다른 차량으로 옮겨 탈 때에, 본인의 의도대로 정상적으로 탔을 때에는 갈아탄 것이고, 본래 의도와는 달리 잘못 탔을 때에는 바꿔 탄 것으로 구분해서 사용하는 것이 합리적이라 할 수 있겠다.

옆에 앉기를 꺼려하네요

　방송을 보다 보면, '꺼려하다'란 말을 자주 쓰고 있다. "소스가 고기 맛을 해칠까 꺼려하는"이라든가, "선배님 옆에 다가앉기를 꺼려하네요." 같은 예들이 그러한 경우다. 이 말은 우리 귀에 무척 익어 있긴 하지만 올바른 표현이 아니다. 본디 어떤 일이 자신에게 해가 될까봐 싫어할 때 '꺼리다'를 쓰는데, 이 말 자체가 동사이기 때문에 여기에 다시 동사를 만들어주는 '하다'를 붙여서 '꺼려하다'처럼 사용할 까닭은 없다. '꺼려하는'은 '꺼리는'으로, '꺼려하네요'는 '꺼리네요'로 쓰면 된다. '삼가다'를 '삼가하다'라고 하지 않는 것과 같은 경우인데, '나가다'를 '나가하다'라 하지 않는다는 것을 생각하면 쉬이 알 수 있을 것이다.

　그런가 하면 신문 기사에서도 우리말 표현이 잘못된 사례가 눈에 뜨인다. "부동산 대책 발표 일을 8월 말로 연장했습니다."라고 하는데,

이것은 맞는 표현이 아니다. '발표 일을 연장했다'는 표현 자체가 성립되지 않는다. 발표하는 날을 뒤로 미룬 것이므로 "부동산 대책 발표일을 8월 말로 연기했습니다."처럼 '연장하다' 대신에 '연기하다'를 써야 한다. '연장하다'를 쓰고자 한다면 "부동산 대책 발표를 8월 말까지 연장했습니다."로 써야 바른 문장이 된다.

방송과 신문에서 아직도 '자랑스런'과 같은 잘못된 줄임말을 쓰고 있다. '자랑스럽다', '가깝다', '아름답다'처럼 어간이 ㅂ 받침으로 끝나는 용언은 활용할 때 ㅂ 받침이 '우' 모음으로 변해서 '자랑스러운', '가까운', '아름다운'처럼 사용된다. 이것을 '가깐', '아름단'처럼 '우'를 빼고 준말로 쓰는 것은 인정되지 않기 때문에, '자랑스러운'도 '자랑스런'과 같은 준말 형태를 인정하지 않고 있는 것이다.

옛 친구가 기억난다

'기억'이란 한자말을 흔히 "옛 친구가 기억난다."라든지, "할아버지의 모습은 기억이 잘 안 난다."와 같이 쓰는 경우가 많다. 그러나 이 문장들에서는 '기억'이란 낱말이 바르게 사용된 것이 아니다. 이때에는 '기억'이 아니라 '생각'을 써서 "옛 친구가 생각난다.", "할아버지의 모습은 생각이 잘 안 난다."로 고쳐 써야 정확한 표현이 된다.

한자말 '기억'은 "어떤 일을 마음에 간직하여 잊지 않음"이란 뜻이므로 '기억하다'라고는 쓸 수 있어도 '기억나다'라고 사용하기에는 무리가 따른다. 앞에서 예를 든 문장에서처럼 "도로 생각해낸다."는 뜻으로는 '생각난다'로 해야 문맥이 통하고 어색하지 않다. 곧 어떤 일이나 지식을 머리에 담아두는 일은 '기억'이라 하고, 기억된 것을 꺼내는 일은 '생각나다'로 구별해서 쓰는 것이 바람직하다.

2024년은 한국전쟁이 일어난 지 74주년이 되는 해이다. 전쟁을 겪은 세대는 "전쟁의 참상이 언뜻언뜻 생각난다."라 할 수 있고, 우리 모두 이때의 비극을 마음에 간직하여 잊지 말자고 할 때에 "한국전쟁을 기억하자."고 할 수 있다. 또, 광복절을 맞아 "일제의 잔혹한 만행을 기억한다.", "일제의 잔혹한 만행이 생각난다."처럼 구별하여 말하면 된다. "기억이 나다.", "기억이 나지 않는다." 들과 같은 말은 바른 표현이 아니다.

왕년에 한가닥 하던

"엊그제 쉬흔이 넘었는가 싶었는데, 벌써 예순을 바라보는 나이가 됐어." 하고 푸념하는 말에서, '쉬흔'은 '쉰'의 잘못이다. 흔히 '마흔' 다음에 '쉬흔'으로 잘못 알고 '쉬흔 살', '쉬흔한 살', '쉬흔두 살'이라고 하는데, 표준말이 '쉰'이므로 '쉰 살', '쉰한 살', '쉰두 살'로 말해야 한다.

이렇게 평소에 무심코 잘못 알고 있는 말들이 적지 않다. "왕년에 한가닥 하던 사람이야." 하는 말을 가끔 들을 수 있는데, 어떤 방면에서 뛰어난 활동을 하거나 이름을 날리는 사람을 보고 '한가닥 한다'는 말을 사용하는 경우가 많다. 그러나 이 말은 '한가락 한다'를 잘못 쓰고 있는 것이다. "모두 한가락씩 기술을 지니고 있다."처럼, 썩 훌륭한 재주나 솜씨를 가리켜서 '한가락 한다'고 말한다.

또, "큰 소리로 노래를 불러 제꼈다."처럼, 어떤 행동을 막힘없이 해치운다는 뜻으로 '제끼다'는 말을 흔히 쓰고 있다. "상대 선수들을 제끼고 골을 넣었다."처럼 거치적거리지 않게 처리한다는 뜻으로 쓰기도 한다. 모두 바른 표현이 아니다. 이 말을 보조동사로 쓸 때에는 "노래를 불러 젖혔다."처럼 '젖히다'로 말해야 하고, 무엇을 처리한다거나 무엇을 미룬다는 동사로 쓸 때에는 "상대 선수들을 제치고", "그 일을 제쳐 두고" 들처럼 '제치다'로 써야 바른 말이 된다.

왜 땅만 쳐다보며 걷니?

친구가 고개를 숙이고 걸어가면서 한숨을 푹푹 쉬는 것을 보고, "무슨 고민이 있기에 땅만 쳐다보며 걷니?" 하고 말하는 경우가 있다. 또, "발끝만 쳐다보고 서 있지 말고 고개 들어!" 하고 말하는 경우도 있다. 얼른 들어서는 자연스러운 말들 같지만, 사실은 올바른 말이라고 할 수 없다. '쳐다보다' 하는 말은 "위를 향하여 올려보다.", "얼굴을 들고 올려다보다."는 뜻인데, 걸어가면서 아래쪽을 올려다볼 수는 없기 때문이다. 고개를 숙이고 걸을 때에는 땅을 '내려다본다'고 말하는 것이 올바른 표현이다. "발끝만 내려다보고 서 있지 말고 고개 들어!", "무슨 고민이 있기에 땅만 내려다보며 걷니?" 하고 고쳐서 말해야 한다.

비슷한 말 가운데, '내다보다'가 있다. "창밖을 내다보다."와 같이 안에서 밖을 보는 것을 '내다보다'라고 하며, 반대로 밖에서 안을 보면

"방 안을 들여다보다."와 같이 '들여다보다'라고 한다. 안에서 밖을 보면 먼 데까지 보이기 때문에 '내다보다'는 "멀리 앞을 보다."는 뜻도 가지고 있고, 거꾸로 밖에서 안을 보는 '들여다보다'는 "가까이서 자세히 살피다."는 뜻으로도 쓰이고 있다. 밖에서 안을 보든, 안에서 밖을 보든 상대가 모르게 숨어서 보게 되면 '엿보다'라고 말한다.

우유곽이 모자르다

어린이가 있는 집은 대개 현관문에 우유 주머니가 매달려 있다. 여기에 우유 배달원이 새벽마다 우유를 넣고 가는데, 이 우유를 담은 종이 상자를 '우유곽'이라 부르는 사람이 많다. 그러나 표준말은 '우유곽'이 아니라 '우유갑'이다. '우유갑'으로 적고 [우유깝]으로 발음한다. 사전에 보면 '갑'은 '물건을 담는 작은 상자'를 말한다. 그리고 일반적으로 '갑'과 많이 혼동하고 있는 '곽'은 '성냥'을 가리키는 제주 사투리로 남아 있는 말이다. 발음을 올바르게 하지 않아서 본래의 낱말이 잘못 쓰이고 있거나 뜻이 전혀 달라지는 사례라고 할 수 있다.

그렇지만 상자를 나타내는 말에 '곽'이 붙어 쓰이는 우리말이 없는 것은 아니다. 벌통에서 떠낸 꿀을 모아 담는, 통나무로 만든 큰 통을 '꿀곽'이라 하고, 우리가 '반짇고리'라 하는 것을 북한에서는 '바느질곽'이라고 한다. 북한어에선 '갑'보다는 '곽'이 주로 많이 쓰이는데,

도시락을 '밥곽', 필통을 '연필곽' 하는 식으로 부르고 있다.

아기가 자라서 어린이가 되면 작은 갑으로는 우유가 모자라게 되어 1리터짜리 큰 우유갑으로 바꾸게 된다. 이때 '모자르다'고 말하는 사람도 있고 '모자라다'고 말하는 사람도 있는데, 표준말은 '모자라다' 이다. 또, "우유가 모자라다고 불평하는 아이"라고 흔히 말하는 경우가 많지만, 이 말은 어법에 맞지 않다. 이때는 '모자라다고 불평하는'이 아니라, '모자란다고 불평하는'으로 써야 올바른 표현이다. 말을 할 때에 발음과 어법에 좀 더 주의를 기울여야 하는 사례가 되겠다.

유권자들을 깜짝 놀래켰다

'남을 놀라게 하다'는 뜻으로 쓰는 말은 '놀라다'의 사동사인 '놀래다'이다. 입말에서 흔히 '놀래키다'로 쓰고 있지만 이는 '놀래다'의 충청도 지역 방언이다. 물론 사투리라 해서 잘못된 말은 아니지만, 표준말을 써야 하는 언론에서 "그의 은퇴 선언은 유권자들을 깜짝 놀래켰다."라든지, "마치 온 국민을 놀래키려고 발표한 담화문 같았다."처럼 사용하는 것은 바람직하지 않다. 이들 문장에서 '놀래키다'를 단순히 '놀래다'로 고칠 경우 문장이 어색해질 수 있기 때문에 문맥에 따라 각각 '놀라게 했다'와 '놀래 주려고' 들처럼 바꿔 주면 자연스럽다.

'놀래키다' 못지않게 자주 사용하는 말로 '혼내키다'도 있다. "말 안 듣는 아들을 혼내키고 싶다."와 같이 쓰는데 '혼내키다' 또한 표준말이 아니라 특정 지역 사투리이다. 신문이나 방송에서는 이 말을 바루어서 "혼내고 싶다."나 "혼내주고 싶다."로 표현해야 옳다. "정치인을 혼내키는 방법"이란 말도 "정치인을 혼내는 방법"으로 고쳐야 어법에 맞다.

'놀래키다'나 '혼내키다' 외에도 'OO키다'로 쓰고 있는 말들이 많다. 가령, '간질키다'라고 하는 말은 '간질이다'나 '간지럽게 하다'로 써야 한다. '간질이다'는 '간지럽히다'와 비슷한 말이다. 경상도 지방에서 흔히 '훔치다'를 '도디키다'라고 표현하는 어른들을 만날 수 있는데, '도디키다'는 '훔치다'라는 말의 경북 지역 방언이다. 마찬가지로 '홀리키다'라고 하면 '홀리다'의 사투리이고 '걸리키다'는 '걸리다'의 사투리인데, 둘 다 강원도 지역 방언이다.

으시대지 마세요

무더위를 쫓는 방법 가운데 하나가 몸이 오싹해지는 공포 영화를 보는 것이다. 무서운 영화를 볼 때 흔히 '으시시하다'고 말하는데, 이 말은 '으스스하다'로 고쳐 써야 한다. "찬 기운이 몸에 스르르 돌면서 소름이 끼치는 듯하다."란 뜻이다. 이와 발음이 비슷한 말 가운데, "으쓱거리며 뽐내다."란 뜻으로 '으시대다' 하고 말하는 경우가 있다. 주로 "돈 좀 있다고 으시대지 마세요."처럼 쓰고 있는데, 이 말도 '으스스하다'와 마찬가지로 '으스대다', '으스대지'로 써야 바른 표현이 된다.

한편, 속이 불편하여 울렁거릴 때 흔히 "속이 미식거린다."라고들 한다. 그런데 '미식거리다'나 '미식미식거리다'는 표준말이 아니다. 이 경우에는 '메슥거리다'나 '매슥거리다'가 표준말이고, '메슥대다'나 '메슥메슥하다'의 형태로도 쓰인다. 이 말은 형용사 '메스껍다' 또는 '매스껍다'와 관련이 있다. '메스껍다'는 속이 울렁거리는 것을 나타낼 때도

쓰지만, '태도나 행동 따위가 비위에 거슬리게 몹시 아니꼬움'을 나타
낼 때도 쓴다.

으스대기를 좋아하는 지위 높은 분들이 가끔 내뱉는 말 한 마디가
많은 사람들을 으스스하게 만들 때가 있다. 거기에 후텁지근한 날씨까
지 거들며 속을 메슥거리게 한다. 그럼에도 이 메스꺼움을 달래줄
시원한 소식은 좀체 들리지 않는다.

이곳은 가파라서 위험해요

봄볕이 산자락을 다사롭게 어루만지는 계절이 되면 등산객들이 눈에 띄게 늘어난다. 이 무렵의 산에는 언 땅이 녹으면서 틈이 생겨 바위가 굴러 내릴 위험이 크다. 비단 바위뿐만 아니라 비탈진 곳도 미끄러우니 조심해야 하겠다. 비탈이 심한 곳에 가보면 "이곳은 가파라서 위험하니 주의하십시오." 하는 표지판을 볼 수 있다. '가파르다'는 말은 '가파른, 가파르니, 가파르고' 들처럼 쓰이지만, '가파라서'라고 하면 어법에 맞지 않다. 이때에는 "이곳은 가팔라서 위험하니 주의하십시오."처럼, '가팔라, 가팔라서'라고 해야 올바른 표현이 된다.

그렇다고 "경험이 모잘라서 위험한 길로만 다녔다."처럼 '모잘라서'라고 말하는 이가 없기를 바란다. '가파르다'는 '가팔라서'로 쓰이지만 '모자라다'는 '모자라서'로 쓰인다. "경험이 모자라서 위험한 길로만 다녔다."로 해야 바른 말이다. 그러니 어느 날 드라마에서 우연히 들었던 대사 "이만큼 했는데도 아직 모잘라?"는 "이만큼 했는데도 아직 모자라?"로 말해야 한다.

　이와 비슷한 예로 '머무르다'는 말이 있는데, 이 말은 준말인 '머물다'도 표준말이기 때문에, 가끔 "천왕봉 부근 대피소에 잠시 머물었다." 처럼 '~에 머물었다'고 표현하는 경우가 있다. 이는 '드물다'가 '드물었다'로, '아물다'가 '아물었다'로 쓰이는 것과는 다르다. '머물다'의 본디 형태가 '머무르다'이므로, 이때는 '머물었다'가 아니라 '머물렀다'라고 해야 맞다.

이 단체의 주장이 담겨진

말을 하다 보면 때로는 군더더기를 붙여 말하기도 하고, 서툰 표현으로 논리성이 갖추어지지 않을 때도 더러 있다. 언제 어느 때든 우리말을 효율적이고도 간명하게 사용하려는 노력이야말로 개인의 품격을 높이는 동시에 우리말의 오롯한 전승과 발전에도 큰 힘이 될 것이다.

사교육의 폐해에 관해 여러 관련 단체들이 의견서를 내고 있는데, 이를 보도하는 기사 가운데 "이 단체의 주장이 담겨진 글에는…"과 같은 문장이 눈에 뜨인다. 그뿐 아니라 많은 기사와 공문서에서 "~가 담겨진"이란 표현을 볼 수 있다. '담다'를 피동형으로 쓰면 '담기다'가 되고, 관형형으로는 '담긴'이 된다. 그런데 '담기다'만으로는 부족하다고 느껴서인지 이 말을 '담겨지다', '담겨진'으로 쓰는 사람들이 많다. 그러나 이때의 '-어지-'는 군더더기일 뿐이다. "이 단체의 주장이 담겨진"은 "이 단체의 주장이 담긴"으로 해야 효율적이다.

기사문에서 흔히 볼 수 있는 말투 가운데 '~가 아닐 수 없다'라는 표현이 있다. "중요한 국가적 관심사가 아닐 수 없다."라든지, "새 정부에 큰 부담이 아닐 수 없다."와 같은 말들이 그렇다. 이런 말들은 뜻을 간명하게 드러내야 하는 기사문에서는 바람직하지 않다. 도둑질한 사실이 분명히 드러난 사람을 보고 "너는 도둑이 아닐 수 없다."라고 하면, 언뜻 듣기에 뜻을 강조한 것 같아도 사실은 전달하고자 하는 내용이 모호해지고 논리성이 없게 느껴질 뿐이다. "중요한 국가적 관심사다.", "새 정부에 큰 부담이다."처럼 간명하게 뜻을 나타내야 한다.

이렇게 자랑스러울 수가 없습니다

올림픽 경기 해설자가 "우리 선수들이 이렇게 자랑스러울 수가 없습니다."라는 말을 했을 때, 여기에서 '이렇게'를 빼면, "우리 선수들이 자랑스러울 수가 없습니다."가 된다. 자랑스럽지 못할 뿐 아니라, 자랑스러울 수도 없다는 말이다. 부정어를 다시 부정하면 강한 긍정이 되기 때문에, "우리 선수들이 자랑스럽지 않을 수가 없습니다."고 하면 강조 용법을 제대로 쓴 것이 되겠다. 그러나 "우리 선수들이 이렇게 자랑스러울 수가 없습니다."고 하면 매우 어색한 강조 표현이 되고 만다. 이 말은 "무척 자랑스럽습니다."나 "참 자랑스럽습니다."처럼 고쳐 써야 한다.

또, "잠을 세 시간뿐이 못 잤다."라든가, "이제 천 원뿐이 안 남았다."는 말을 가끔 듣는다. '뿐'이라는 낱말은 "이 시대의 희망은 민중의 양심뿐이다."처럼, 오직 그것밖에 없다는 뜻을 나타내는 조사이다.

"민중의 양심만이 이 시대의 희망이다."처럼 바꿔서 표현할 수 있는 것처럼, '뿐'은 무엇에 한정한다는 뜻을 가진 '만'이라는 조사와 쓰임이 같다. 그러니까 "이제 천 원뿐이 안 남았다."는 "이제 천 원만 안 남았다."처럼 도무지 말이 안 되게 쓰고 있는 표현이라는 것을 알 수 있다. 따라서 이 말은 "이제 천 원뿐이다."처럼, 부정어를 빼고 표현해야 한다. "잠을 세 시간뿐이 못 잤다."라는 말도 "잠을 잔 시간은 세 시간뿐이다."나 "잠을 세 시간만 잤다."로 고쳐 써야 한다.

강조 표현 가운데 "큰 축복이 아닐 수 없다." 따위도 어색한 표현이다. 가령 도둑질한 사람을 보고 "당신은 도둑이 아닐 수 없다."고 한다면, 강조를 떠나서 도둑이라는 말인지 아니라는 말인지 전달하는 뜻 자체가 매우 모호해진다. 그러므로 '축복'을 강조할 때에는 "큰 축복이 아닐 수 없다."를 "더할 수 없이 큰 축복이다."라고 고쳐서 말하면 훨씬 자연스러운 표현이 된다.

인사 말씀이 계시겠습니다

"인사 말씀이 계시겠습니다."는 말을 자주 들을 수 있는데, 이 말은 잘못된 표현이다. 주로 모임이나 행사에서 사회자가 귀빈을 청하는 말이기 때문에, 그 귀빈을 높이려는 의도로 이러한 표현을 쓰고 있다. 그러나 '있다'를 '계시다'로 높이는 경우는 그 주어가 사람일 때에 한한다. "인사 말씀이 계시겠습니다."에서 '계시다'의 주어는 사람이 아니라 '말씀'인데, '말씀' 자체가 높임의 대상이 되는 것은 아니다. "인사 말씀이 계시겠습니다."는 "인사 말씀을 하시겠습니다."로 고쳐서 말해야 한다.

존칭과 관련해서, 직장 상사에 대해 그보다 더 윗사람에게 말할 때에, 많은 사람들이 곤란을 겪고 있다. 가령, 평사원이 부장에게 과장에 대하여 말할 때, "과장님 아직 안 오셨습니다."가 옳은지, "과장님 아직 안 왔습니다."가 옳은지 판단이 서지 않을 때가 많다. 이와 같은 경우, 듣는 사람이 누구이든 자기보다 윗사람에 대해 말할 때에는 높임말을 쓰는 것이 알맞다. 곧 부장님 앞이라도 "과장님 아직 안 오셨습니다."라고 말하는 것이 올바른 예절이다. 다만, 이 경우 '과장님께서'라는 높임말까지는 불필요하다.

사무실에서 먼저 퇴근할 때에, 남아서 일하는 사람에게 "수고하세요.", "수고하십시오."라고 인사하는 경우가 흔하다. 이때의 '수고'는 '무슨 일에 힘들고 애씀'이란 뜻을 가진 낱말이다. 그러므로 "수고하세요."란 말은 '힘들고 애쓰라'는 뜻이 되어 (특히 윗사람에게는) 그리 바람직한 인사말이 아니다. 이때는 "안녕히 계십시오."라든지, "먼저 들어가겠습니다." 정도의 인사말이 알맞다. 그런데 '수고'라는 낱말을 윗사람에게 쓰는 것이, 모든 경우에 예의에 어긋나는 것은 아니다. 가령, "수고하십시오."처럼, 이 말을 명령형으로 쓰는 것은 바람직하지 않지만, "수고하셨습니다."라든지, "수고가 많으십니다."라는 말은 예의에 어긋난 표현이라고 할 수 없다.

입맛이 땅기는 계절

"요즘은 입맛이 당기는 계절이다."와 "요즘은 입맛이 댕기는 계절이다.", "입맛이 땅기는 계절이다." 가운데 어느 것이 올바른 표현일까? '당기다'와 '댕기다', '땅기다'는 모양과 발음이 비슷해서 혼동하기 쉬운 말들이다. 이들 가운데 '입맛이 돋우어진다', '식욕이 당긴다'는 뜻으로 쓰는 말은 '당기다'이다. 그러므로 "요즘은 입맛이 땅기는 계절"이 아니라 "입맛이 당기는 계절"이라고 말해야 한다.

'땅기다' 또한 표준말이지만 그 뜻과 쓰임이 다르다. 이 말은 '몹시 단단하고 팽팽하게 되다'는 뜻을 지닌 동사이다. "얼굴이 땅긴다."라든지, "하루 종일 걸었더니 종아리가 땅긴다.", "너무 크게 웃어서 수술한 자리가 땅겼다."처럼 쓰인다.

그리고 가끔 "입맛이 댕긴다."고 말하는 이도 있는데, '댕기다'는 "담배에 불을 댕겼다."처럼, '불이 옮아 붙거나, 불을 옮겨 붙일 때'

쓰이는 말이다. 정리하면, 불과 관련이 있을 때는 '댕기다'를 쓰고, 사람의 신체 부위 또는 상처가 팽팽한 느낌이 들거나 아플 때는 '땅기다'를 쓰며, 나머지는 전부 '당기다'를 쓰면 된다고 이해하면 쉽다. 가끔 "입맛이 땡긴다."라든가, "종아리가 땡긴다."고 하는 사람들이 있는데 '땡기다'는 말은 표준말이 아니다. 물론 "학교 댕긴다."는 어르신들의 말 또한 표준말이 아니다.

잊혀진 계절

    기부금이나 후원금을 옳지 않게 사용한 단체와 개인에 대한 보도 때문에 요즘 기부 문화가 많이 움츠러들었다고 한다. "이 돈이 어려운 사람들을 위해 쓰여지기를 바랍니다."란 문장에서 '쓰여지다'는 옳은 말일까? 이 말은 '쓰다'라는 동사에 피동 표현이 겹쳐서 나타난 것이다. '쓰다'는 피동형을 만들어주는 '이'를 넣어서 '쓰이다'로 적으면 이미 피동이 된다. 여기에 또다시 '-지다'를 붙이는 것은 바르지 않다. 이 문장은 "이 돈이 어려운 사람들을 위해 쓰이기를 바랍니다."와 같이 고쳐 써야 한다.

    "그와 같은 기부 천사는 잊혀질 리가 없다."에서도 '잊혀질'이라는 표현은 올바른 것이 아니다. '잊다'의 피동형은 '잊히다'인데, 많은 사람들이 이 말을 '잊혀지다'로 알고 있다. 〈잊혀진 계절〉이라는 대중가요까지 있을 정도이다. 그러나 '잊혀지다'는 '잊히다'라는 피동형에 또

피동을 만들어주는 '-지다'를 겹쳐 쓴 말이다. '잊혀질'이 아니라 '잊힐'이고, '잊혀진 계절'은 '잊힌 계절'이 맞다. 정지용 시인의 〈향수〉에, "그 곳이 차마 꿈엔들 잊힐리야"란 구절이 있다. 이때의 '잊힐리야'가 올바로 쓰인 말이다.

　나날살이에서 쓰는 말 가운데 이러한 예들은 참 많다. "사랑이 담겨진 기부금"도 "사랑이 담긴 기부금"으로 바로잡아 써야 한다. "그 프로그램 진행자가 어느 틈에 바뀌어졌네." 하고 흔히 말하는데, '바꾸다'의 피동형은 '바뀌다'이다. 따라서 "그 프로그램 진행자가 어느 틈에 바뀌었네."로 해야 올바른 표현이 된다. '피동형쯤은 좀 틀린들 어때?' 하고 생각한다면, 우리 말글살이에서 언제나 피동적이 될 수밖에 없다.

자문을 부탁드립니다

주위에서 보면, 흔히 '자문'이란 말을 "전문가에게 ○○에 대해 자문을 구하려고 한다."라든지, "자문을 부탁드립니다.", "자문을 받다."처럼 사용하고 있는 것을 볼 수 있다. 그러나 '자문을 구하다'나 '자문을 부탁하다', '자문을 받다'는 모두 본디 의도를 거꾸로 표현하고 있는 것이다. 이를 제대로 고쳐 쓰면, "전문가에게 ○○에 대해 자문을 하려고 한다."로 해야 하고, "자문을 부탁드립니다."가 아니라 "자문에 답변해 주시기를 부탁드립니다."로 표현해야 바른 말이 된다. '자문을 받다'라는 말도 "자문에 대답을 받다."로 바로잡아야 한다. 이 '자문'이란 낱말은 남에게 의견을 묻는다는 뜻이다. 곧 '질문'이라는 말과 뜻과 쓰임이 거의 같다고 생각하면 된다.

'사사 받다'도 이처럼 자기도 모르게 거꾸로 표현하고 있는 말 가운데 하나이다. 요즘 세계무대에서 좋은 성적을 거두고 있는 스포츠

스타들의 인터뷰를 들어 보면, 가끔 어느 코치로부터 가르침을 받은 사실을, "○○ 코치에게 사사 받았다."고 말하는 일이 있다. '사사'란 말의 본뜻은 '가르침'이나 '교육'이 아니라, '스승으로 섬긴다'는 것이다. '사사 받았다'고 하면 '스승으로 섬김을 받았다'고 풀이할 수도 있게 되니, 이 말은 올바른 표현이 아니다. 어느 분을 스승으로 섬긴다는 것은 결국 그분의 가르침을 받게 되는 것이지만, '사사' 자체가 '가르침'이나 '교육'을 뜻하는 것은 아니다. 그러므로 '사사 받았다'는 말은 '사사했다'로 고쳐 써야 한다. "○○ 코치에게 사사 받았다."는 말은 "○○ 코치를 사사했다."로 하는 것이 바른 표현이다. 주의해야 할 것은, "○○ 선생에게 사사 받았다."는 말을 "○○ 선생에게 사사했다."로만 고쳐서는 안 되고, 반드시 "○○ 선생을 사사했다."로 고쳐 써야 한다는 것이다.

자전거 흙받이를 달았다

물가가 안정되었다는 당국의 발표는 장바구니를 든 서민들에게는 언제나 공중에 뜬 허언이다. 특히 집값과 사교육비는 끝을 모르고 오르고 있다. 물가 인상 폭이 큰 것을 두고 "물가가 천정부지로 올라간다."고 한다. 이때의 천정부지는 '천정을 알지 못하고'라는 뜻으로 쓴 말인 것으로 보인다. 그러나 '천정'은 '天井'[텐죠외라는 일본말의 한자음이다. 우리말은 '천정'이 아니라 '천장'이라 해야 맞다. '천정부지'를 굳어진 말로 보아 국어사전에 올려놓기는 하였지만, 당장 '천장부지'로 옮기는 것이 어색하기 때문이라면 아예 우리말로 바꿔서 "물건 값이 천장을 모르고 올라간다."고 쓰는 것이 바람직하겠다.

집집마다 있는 '장롱'도 받아쓰기를 해보면 자주 틀리는 말이다. '장롱'의 '롱'을 '농'으로 잘못 쓰는 사례가 많다. '장'은 '옷장'이나 '이불장, 찬장, 책장'과 같이 물건을 넣어두는 가구를 통틀어 일컫는 말이고,

나무로 네모나게 만든 그릇을 '궤'라 하는데, 이 궤를 여러 층으로 포개 놓도록 된 옛날식 가구를 '농'이라 한다. 이 '장'과 '농'을 아울러 이르는 말이 '장롱'인데, 이때 '농'의 표기가 '롱'으로 바뀌는 것에 주의해야 한다.

또, 자전거를 탈 때, 바퀴로부터 튀어 오르는 흙을 막기 위해 바퀴 위에 덮어 대는 장치를 "자전거 흙받이를 달았다."와 같이, 흔히 '흙받이'라고 부르고 있다. 자동차 바퀴에도 이러한 장치가 있다. 그러나 표준말은 '흙받이'가 아니라 '흙받기'가 맞다. 쓰레기를 받아내는 기구가 '쓰레받이'가 아니라 '쓰레받기'인 것과 마찬가지 경우가 되겠다.

전기세가 많이 나왔어요

생활 속에서 자주 혼동되는 표현 가운데, '집세'나 '월세', '전기세' 들과 같은 말들이 있다. 남의 집에 세를 들어 사는 사람들은 (전세살 이가 아니면) 다달이 집세를 낸다. 다달이 내는 세이니 월세라고도 한다. 이처럼 '집세'나 '월세', '사글세'에는 모두 '세'를 붙여 쓴다. 계약 에 따라 일정한 돈을 의무적으로 내야 하기 때문에 '세'라는 말을 붙이 는 것이다.

그런가 하면 "이번 달엔 전기세가 많이 나왔어요."와 같이 '전기 세', '수도세' 같은 말들도 자주 사용하는데, 올바른 말이 아니다. 집세 와는 달리, 전기나 수돗물 사용에 드는 비용은 계약에 따라 일정하게 내는 돈이 아니라, 그때그때 자기가 사용한 만큼만 내는 요금이다. 그래서 이들 경우에는 "이번 달엔 전기요금이 많이 나왔어요."처럼 '세' 대신에 '요금'을 붙여서, '전기요금', '수도요금'이라고 말한다. 굳이 줄여서 말한다면 '전기세', '수도세'가 아니라, '전기료', '수도료'처럼 표현해야 한다. 전기와 수돗물은 세금을 내고 쓰는 게 아니다.

　유선방송이나 인터넷 전용선을 이용할 때에도 계약에 따라 다달이 일정하게 돈을 내는데, 그러면 이때에도 '세'를 붙여서 써야 할까? 그렇지는 않다. '세'와 '요금'을 구별하는 가장 우선되는 기준은 빌려 쓰는 대가로 치르는 돈이냐, 어떤 서비스를 사용한 만큼 내는 돈이냐 하는 것이다. 어떤 자리를 빌려 썼을 때 돈을 낸다면 '자릿세'이고, 통신 서비스를 사용한 뒤에 내는 돈은 '통신 이용료'이다.

전화로 히히덕거렸다

방송을 보다 보면 음식 맛을 표현하는 갖가지 말들이 쏟아진다. 이 가운데 음식 맛이 싱거울 때 '닝닝하다'고 말하는 이도 있고 '밍밍하다'고 말하는 이도 있다. 하지만 '닝닝하다'는 낱말은 국어사전에 없다. 음식이 제 맛이 나지 않고 아주 싱거울 때는 '밍밍하다', 또는 '맹맹하다'고 하는 것이 바른 표현이다. 음식에서뿐만 아니라, 마음이 몹시 허전하고 싱거울 때에도 "마음이 밍밍하다/맹맹하다."고 말할 수 있다.

'히히덕거리다'는 말도 자주 쓴다. 실없이 웃으면서 계속해서 이야기를 주고받는 것을 이를 때 "틈만 나면 전화로 히히덕거렸다."처럼 말한다. 하지만 '히히덕거리다'가 표준말은 아니다. 이 말은 '시시덕거리다', '시시덕대다'로 고쳐 쓰는 것이 옳다. "틈만 나면 전화로 시시덕거렸다."와 같이 말해야 규범 언어에 들게 된다. 그러나 북한에서는 우리와 달리 '히히덕거리다'가 그들의 규범 언어인 문화어로 쓰이고 있다.

제자리에서 몸을 느릿하게 비비대며 게으르게 행동하는 모습을 '뭉그적거리다', '뭉그적대다'라고 한다. 곧 몸이 나아가지 못하고 같은 자리에서 자꾸 비비대는 모습이다. 이와 같은 뜻으로 '뭉기적거리다', '뭉기적대다'는 말을 쓰기도 하는데, 국립국어원은 이 말들을 북한어로 표시해 놓았다(〈우리말샘〉). 또한 '뭉기적거리다'에는 '뭉그적거리다'와는 달리, "일을 시원하게 처리하지 못하고 제자리에서 꽤 굼뜨게 자꾸 뭉개다."는 뜻까지도 포함해 놓았다. 그러고 보면 제자리에서 몸을 비비대는 모습은 '뭉그적거리다'로, 어떤 일을 굼뜨게 하는 모습은 '뭉기적거리다'(비록 '북한어'이지만)로 구별해 쓰는 것도 괜찮지 않을까?

조용하세요!

영화관이나 공연장에서 "조용하세요!"란 말을 들을 수 있다. 교실에서, 또 친구들 모임에서도 "조용해!" 하고 말하는 경우를 볼 수 있다. 이러한 말들은 모두 어법에 맞지 않는 표현이다. 일반적으로 'ㅇㅇ해!', 'ㅇㅇ하세요!' 하고 명령형으로 쓸 수 있는 말은 동사일 때에만 가능하다. 그리고 본디는 '공부, 식사, 일' 들처럼 명사인데, '-하다'를 붙이면 '공부하다', '식사하다', '일하다'와 같이 동사로 쓰이게 되는 낱말들도 명령형으로 표현할 수 있다.

그런데, '조용'이란 말은 명사이고, 여기에 '-하다'를 붙여서 '조용하다'고 하면 동사가 아니라 형용사로 쓰이게 된다. 우리말 어법에서 형용사나 또는 '-하다'가 붙어서 형용사처럼 쓰이는 낱말들은 명령형으로 나타낼 수 없다. 이는 '아름답다', '예쁘다' 같은 형용사들을 "빨리 아름다우세요!", "어서 예쁘십시오!"처럼 명령형으로 쓸 수 없다는 것을 보면 쉽게 알 수 있다. 그래서 "조용해!"란 말은 "조용히 해!"로 쓰고, "조용하세요!"도 "조용히 하세요!"로 바로잡아 써야 한다.

이러한 예들은 우리 생활 속에 아주 많다. '행복'이나 '건강'이란 말도 '-하다'가 붙어서 형용사가 되는 낱말들이다. 그러므로 이 경우에도 "아버님, 행복하세요!", "스승님, 건강하십시오!"처럼 쓰면 잘못된 표현이 된다. 바른 표현으로 고치면, "아버님, 행복하게 지내세요!", "스승님, 건강하게 계십시오."처럼 말해야 한다. 다만, 형용사나 '-하다'가 붙어 형용사처럼 쓰이는 말일지라도 "지금 교실이 조용하니?"라든가, "얼마나 행복하세요?", "여전히 건강하십니까?"라고 물어 보는 말, 곧 의문형으로 쓰는 것은 올바른 표현이다.

주소가 어떻게 되세요?

할인점이나 은행에 다녀보았다면 누구나 공감하는 일일 텐데, 요즘 고객을 직접 응대하는 업무에 종사하는 분들의 말투를 들어보면, 고객을 높여야 한다는 강박 관념에 젖어 있는 것을 느낄 수 있다. 어떻게 해서든 고객의 기분을 맞추기 위해 말을 하고, 말을 듣는 사람은 조금이라도 자기를 존중하지 않는 듯하면 화를 낼 준비가 되어 있다. 그래서 무분별한 높임법 사용이 만연하고 있는 실정이다. 지나친 높임법이 우리말의 체계를 무너뜨리고 있는 사례를 몇 가지 들어 보자.

높임법은 말을 듣는 상대를 높이기 위한 말법이다. 그 사람과 관련이 없는 사물에는 주체 높임법을 사용하지 않는다. 보험설계사가 청약서를 쓰면서 "주소가 어떻게 되세요?", "생년월일이 언제세요?"라고 말하는 것을 흔히 듣는데, 이 말은 "주소가 어떻게 됩니까?/되나

요?", "생년월일이 언제입니까?/언제인가요?'로 해야 올바른 높임법이
된다. 또, 소개팅을 나갔는데 상대방이 "집이 어디세요?" 하고 묻는다
면, 그 사람은 우리말의 높임법을 잘 모르고 있는 것이다. 이때는 "집이
어디예요?" 또는 "집이 어디입니까?'라고 말해야 올바른 표현이 된다.

　은행에서 "예금주가 아무개 님 맞으십니까?'라고 말하는데, 역시
높임법이 잘못된 경우에 해당된다. 이때는 예금주인 아무개 님을 높여서
"예금주가 아무개 님이십니까?'로 말하거나, 아니면 "예금주가 아무개
님 맞습니까?'로 해야 높임법에 어긋나지 않는다. 은행에서 "오늘이
납부 마감일이세요." 하고 안내하는 말도 "오늘이 납부 마감일입니다."로
고쳐야 한다. 주체 높임법에 사용하는 '-시-'를 마감일이란 날짜에 붙일
수는 없는 것이다. 마찬가지로 판매원이 고객에게 "고장이 나시면 바꿔
드립니다."고 하는 것도 물건에다 '-시-'를 붙이는 격이 되기 때문에
"고장이 나면 바꿔 드립니다."로 말하는 것이 정확한 말법이다.

　가끔 "전화번호가 몇 번이세요?" 하는 질문을 받는다. 말을 하는
사람은 상대방을 높이기 위해서 "전화번호가 몇 번이세요?'라는 말을
습관적으로 사용하고 있지만, 이 말 또한 '-시-'를 남용한 표현이다.
"전화번호가 몇 번이세요?'는 "전화번호가 몇 번입니까?'로 바로잡아
써야 바르고 정중한 표현이 된다. 다만, 상대와 관련된 사물이 주어가
된 경우에는 일부 사물에도 주체 높임법을 사용해서 높일 수 있다.
가령, "얼굴이 참 고우십니다."라든가, "마음이 무척 넓으시군요."라는
말은 높임법에 어긋나지 않는다. 각각 '얼굴'과 '마음'을 높이고 있지만,
그것이 상대방의 일부이기 때문에 이러한 표현이 가능한 것이다.

지갑 안에 갖고 다닌다

예전에 어떤 방송 프로그램에서 출연자가 "아내의 사진을 늘 지갑 안에 갖고 다닌다."고 말했던 것을 기억한다. 그 사실의 진위 여부를 떠나, 말솜씨는 그리 좋아 보이지 않았다. '늘 가지고 다닌다'는 표현이 알맞은 것일까?

'가지다'는 말은 국어사전에 "무엇인가를 손이나 몸에 있게 하다." 라는 뜻과 "자기 것으로 하다."는 뜻이 대표적으로 올라 있다. 이 가운데, "주운 돈을 가지다.", "몇 십 년 만에 내 집을 가지다."처럼 "자기 것으로 하다."는 뜻으로 쓰이는 '가지다'는 아무런 문제가 없다. 그런데, "돈을 가지고 있다."와 같이 "무엇인가를 손이나 몸에 있게 하다." 는 뜻으로 쓸 때에는 '지니다'는 말과 잘 구별해서 사용해야 한다.

'지니다'는 "몸에 간직하여 가지다."는 뜻으로 쓰는 말이다. "그는 친구가 준 목걸이를 늘 몸에 지니고 다닌다."라고 할 때에는 '갖고 다닌다'가 아니라 '지니고 다닌다'라고 써야 한다. 마찬가지로 앞서 말했던, "아내의 사진을 늘 지갑 안에 갖고 다닌다."는 문장도 "아내의 사진을 늘 지갑 안에 지니고 다닌다."로 고쳐서 말해야 정확한 표현이 된다.

다시 말하면, '가지다'는 '지니다'에 비해 일시적인 행위를 뜻한다고 볼 수 있다. 일시적이 아니라, '늘 가지고 다니는 것'일 때에는 '지니다'가 알맞은 표현이라는 것이다. '지니다'에는 또 '바탕으로 갖추고 있다', '본래의 모양을 그대로 간직하다'는 뜻도 있다. 가령, "착한 성품을 지닌 사람"이라든지, "그는 어릴 때의 모습을 그대로 지니고 있다."라고 할 때에는 '가지다'를 쓸 수 없다. 곧 "착한 성품을 가진 사람"이라고 하면 잘못된 표현이다.

지금 너무 졸립거든요

날씨가 매우 추울 때에는 집안에서 난방 장치를 틀고 있어도 방안의 공기가 차갑게 느껴질 때가 있다. 이것을 흔히 "우풍이 있다.", "우풍이 세다."라고 하는데, 바른 말이 아니다. 이때의 '우풍'은 '외풍'이라 해야 맞다. '외풍'(外風)은 "밖에서 들어오는 찬 기운"을 뜻하는 한자말이다. 이 말을 '우풍'으로 발음하다 보면 "위쪽에서 내려오는 바람"으로 잘못 이해할 수도 있다. 외풍은 출입문이나 창문 틈새로 들어오는 바람과, 벽을 통해 들어오는 찬 기운을 모두 가리키는 말이다.

낡고 오래된 집일수록 외풍이 심할 수밖에 없다. 특히 한겨울에는 외풍 때문에 새벽잠을 설치기도 한다. 잠을 설치고 출근해서 책상에 앉으면 눈꺼풀이 무겁게 느껴진다. 눈꺼풀이 무거워지고 잠이 오는 것을 흔히들 '졸립다'고 말한다. "요즘은 책만 펴들면 졸립다.", "잠을 설쳤더니 지금 너무 졸립거든요." 들처럼 말하는 경우가 많은데, 과연 바른 표현일까?

　'고향을 그리다'라고 할 때의 '그리다'는 형용사인 '그립다'로도 표현할 수 있지만, '졸리다'는 말을 '졸립다'로 쓸 수는 없다. "잠이 오는 느낌이 들다."는 표현을 할 때에는 '졸리다'라는 동사를 써야 한다. "요즘은 책만 펴들면 졸립다."와 같이 자연스럽게 쓰고 있지만, 이 말은 "요즘은 책만 펴들면 졸리다."처럼 '졸리다'로 해야 맞다. "지금 너무 졸립거든요."가 아니라, "지금 너무 졸리거든요."가 올바른 말이다. 이에 따라 '졸리워, 졸리운, 졸립고' 들은 모두 잘못된 말임을 알 수 있다. 이들은 각각 '졸려, 졸린, 졸리고' 들로 바로잡아 써야 한다.

지리한 장마

장맛비는 잠시나마 무더위를 잊게 해 준다. 비가 한꺼번에 많이 내리게 되면 물난리를 걱정하게 되고, 조금씩 자주 내리게 되면 무척 축축하고 지루한 생각이 든다. 잠시 내리는 비는 마음을 차분하게 해 주지만, 끝없이 내리는 비는 사람들을 무척 따분하게 만든다. 그래서 이런 비를 '지리한 장마'라 부르곤 한다. 장마뿐 아니라 '지리한 오후', '지리한 일상', '지리한 싸움' 등 '지리한'이란 말이 두루 쓰이고 있다. 하지만 '지리하다'는 표준말이 아니다. 이 말은 '지루하다'로 바로잡아야 한다. 곧 '지리한 장마'가 아니라 '지루한 장마'가 올바른 표현이다.

흔히 우리는 날씨를 '기상'이라고 하고, 때에 따라 '기후'라고도 한다. 기상과 기후는 비슷하게 생각되지만 뜻과 쓰임이 다른 말이다. 기상은 우리말 날씨에 해당하는 한자말이다. 비가 오거나, 바람이 불거나, 햇살이 쨍쨍한 등의 그날그날의 날씨 상태를 기상이라고 한다. 이와 달리 '기후'라고 하면, 날마다의 기상 변화를 장기간에 걸쳐 평균을 낸 값을 나타내는 말이다. 보통 30년 단위의 평균 날씨를 기후라고 말하고 있다. 따라서 우리나라는 4계절이 뚜렷하며 여름에는 고온다습하고, 겨울철에는 한랭건조하다는 표현은 '기후'를 설명한 것이고, 오늘은 대기 불안정으로 소나기가 내리고 무덥겠다고 하면 그건 '기상' 곧 날씨를 설명하는 것이다. 그래서 '기상예보'라고 하지 '기후예보'라 하지는 않는 것이다.

기상예보를 들어보니, "당분간 비 오는 날이 많아지겠다."고 한다. 이때 '당분간'은 일본말 잔재이다. 아직도 기상청에서 쓰는 용어들 가운데는 일본말 잔재가 많이 남아 있다. '당분간'은 일본말 '도우분노아이다'(當分間, とうぶんのあいだ)의 한자음을 우리식으로 읽은 것으로, 국립국어원에서 우리말 '얼마 동안'으로 다듬어 쓰도록 하고 있다. "얼마 동안 비 오는 날이 많아지겠다."고 하면 된다. 또, 기상예보에서 "호우주의보가 발효 중인 가운데"라는 말을 자주 들을 수 있는데, 이때 '~ 중인 가운데'라는 표현도 일본식 말투이다. 우리말로 자연스럽게 "호우주의보가 발효하고"로 표현하면 된다.

요즘 우리말이 속어나 비어에 밀리고 외래어에 먹혀서 위기에 처해 있다고 하는데, 그나마 장맛비에 떠내려가지 않도록 우리말을 잘 지키고 찾아내고 다듬어서 사용해야 하겠다.

집들이 간다

새로 이사한 집에 이웃이나 친지를 불러 집을 구경시키고 음식을 대접하는 것을 '집들이한다'고 말한다. 이와 달리, 흔히 집들이에 초대받아 갈 때에도 '집들이 간다'고 말하고 있는데, 이것은 잘못된 표현이다. 새로 집을 지었거나 이사한 집에 집 구경 겸 인사로 찾아보는 일은 '집알이'라고 한다. 그러므로 집들이에 초대받아 갈 때에는 '집알이 간다'고 말하는 것이 옳다.

추위가 물러나는 봄철이 되면 여기저기 집들이하는 집이 눈에 뜨이게 된다. 회사 동료나 친구 집에 집알이를 가면, 그 집 안주인은 갑자기 손님들의 '제수씨'가 되어 버린다. 온종일 음식 마련하느라 분주했던 안주인은 호적에도 없는 여러 시아주버니를 맞이하게 되는 것이다. 이것은 옳지 못하다.

친구의 아내를 부를 때에는 일반적으로 '아주머니'가 표준말이지만, 상황에 맞도록 알맞은 부름말을 가려 쓸 수 있다. 친구의 아내와 평소 안면이 있으면 이름에 '씨'를 붙여 "○○ 씨" 하고 부를 수도 있고, 정중히 예의를 갖추어야 하는 자리라면 "부인"이라고 부르면 된다. 또 아이가 있으면 "○○ 어머니"로 불러도 된다. 친구의 남편은, 친밀할 경우에는 "○○○ 씨"처럼 이름을 부르거나 아이 이름을 넣어 "○○ 아버지"라고 하면 된다. 또 직장의 직함에 따라 "○ 과장님", "○ 선생님" 등을 상황에 따라 알맞게 가려 쓸 수 있다. 남편의 친구도 이에 준한다. 아내의 친구 역시 친밀도에 따라 "○○○ 씨"라 하거나, "○○ 어머니"라고 하면 된다. '아주머니'라는 부름말이 가장 무난하다.

차가운 날씨

"차가운 날씬데 건강은 어떠십니까?"란 인사를 들을 때가 있다. '차가운 날씨'가 바른 말일까? 우리말에서 '차다' 또는 '차갑다'라고 하는 것은 "몸에 닿아서 찬 느낌이 있다."는 뜻으로 쓰는 말이다. '찬 서리가 내리다', '차가운 물' 들처럼 표현한다. 이와는 달리, 기후 곧 날씨가 차가울 때에는 '춥다'라고 해야 옳다. "차가운 날씹니다."는 "추운 날씹니다."로 고쳐 말해야 올바른 뜻을 전하게 된다.

'추운 날씨'를 '차가운 날씨'라고 말하는 것은 잘못이지만, "차가운 바람이 볼을 스쳤다."처럼 '몸에 닿아서 찬 느낌이 있는 바람'은 '차가운 바람'이다. 이를 "추운 바람이 볼을 스쳤다."라고 말하면 무척 이상하다. 정리하면, "바람이 차다.", "바람이 차갑다."라고 표현할 수는 있지만, 바람이 차갑거나 기온이 낮아서 몸에 추운 느낌이 들 때는 "날씨가 차갑다."가 아니라, "날씨가 춥다."라고 해야 한다는 것이다.

바람이 차고 날씨가 춥다고 집안에서만 주로 생활하다보면, 피할 수 없는 부작용이 생긴다. 바로 몸무게가 늘어나는 것이다. 몸무게가 늘어나는 것을 '살찌다'(동사)라고 하는데, 이와는 달리 뚱뚱한 모습을 나타내는 말은 '살지다'(형용사)이다. 곧 "겨우내 방안에서 뒹굴었더니 살이 많이 쪘어." 할 때는 '살찌다'이지만, "살진 암소 고기가 맛있다." 고 할 때에는 '살지다'이다. 이 두 말을 한 문장 안에 넣어보면, "춥다고 운동을 게을리 하면 [살찌게] 되고, 그렇게 [살진] 네 모습은 보기 싫어질 거야."라고 표현할 수 있다.

찻잔 속의 태풍

신문 정치면이나 경제면에서 가끔 "찻잔 속의 태풍"이란 표현을 볼 수 있다. 어떤 사건이 특정한 상황에 태풍처럼 큰 영향을 줄 것으로 기대되었지만, 실제로는 그 위력이 약해서 그 일에 별 영향을 미치지 못할 경우에, 이를 '찻잔 속의 태풍'으로 비유한다. 여기에서 '찻잔 속'이란 말이 올바른 표현인지 의심하는 사람은 많지 않다. 가령, 차를 달인 물이 가득 든 찻잔에 반지가 빠졌다는 것을 어떻게 말할 수 있을까? "찻잔 속에 담긴 찻물 속에 반지가 빠졌다."고 하면 아무래도 어색하게 들릴 것이다. 바로 여기에서 우리는 '속'과 '안'의 차이를 구별할 필요를 느낀다.

'속'과 '안'은 뜻이 다른 말이다. 흔히 "유리컵 속에", "밥그릇 속에" 하고 말하는데, 이때에는 "유리컵 안에", "밥그릇 안에"처럼 말하는 것이 올바른 표현이다. 사전에서는, '속'은 "거죽이나 껍질로 싸인 물체의 안쪽 부분"이라고 풀이해 놓았다. "수박 속이 빨갛다."라든지, "머릿속이 복잡하다."고 할 때에는 '속'이 맞다. 또, "일정하게 둘러싸인 것의 안쪽으로 들어간 부분"도 '속'이다. 그래서 "물속", "숲속", "구름 속"이라 할 때에도 모두 '속'이다.

반면에, '안'은 "어떤 물체나 공간의 둘러싸인 가운데 부분"을 가리킨다. "차 안에 탔다.", "방 안에 있다.", "유리컵 안에 물이 들어있다."라고 할 때에는 모두 '속'이 아니라 '안'이다. 앞에서 말한 "찻잔 속의 태풍"도 사실은 "찻잔 안의 태풍"이라 해야 올바른 표현이 된다. 곧 "찻잔 안에 담긴 찻물 속에 반지가 빠졌다."와 같이 '안'과 '속'의 쓰임을 구별해야 한다.

천상 여자네요

뉴스에서 가끔 "아무개 선수가 보란듯이 2관왕에 올랐습니다."란 보도를 들을 수 있다. 뭔가 내세울 만하거나 자랑한다는 뜻에서 '보란 듯이'라는 말을 사용하는 경우가 많은데, 이것은 표준말이 아니다. 이 문장은 "아무개 선수가 여봐란듯이 2관왕에 올랐습니다."로 고쳐 써야 한다. 예전에는 '보아란듯이'와 이 말을 줄인 '보란듯이'를 모두 쓰기도 했지만, 지금 표준말에는 "우쭐대고 자랑하듯이"라는 뜻으로 '여봐란듯이'라는 말만 인정하고 있다. 사극에서 '여봐라'란 말을 자주 듣는데, 바로 이 말에서 '여봐란듯이'가 나왔다.

맛집을 소개하는 방송 프로그램을 보면 보도자(리포터)가 "싱싱한 횟감이 지천에 널려 있다."란 말을 하는 경우가 있다. '지천'(至賤)은 "아주 흔한 것"을 가리킬 때 쓰는 한자말인데, 이 말을 쓸 때는 '지천이다' 형태로 쓰거나, 그 뒤에 '으로'를 붙여서 '지천으로'라고 쓰는 것이 올바른 용법이다. "아주 흔하게"라는 뜻을 가진 부사가 '지천으로'이다. 흔히 "지천에 널려 있다."라고 하는 것은 '지천'이 "땅과 하늘"을 뜻하는 한자말인 줄로 잘못 알고 쓰는 것이다.

　방송사들의 예능 프로그램에서 가끔 "천상 여자네요."란 말을 들을 수 있다. 여자를 보고 정말 타고난 것처럼 아주 여자 같다고 할 때 '천상 여자'라고 말하는 경우가 많은데, 이 말은 바른 표현이 아니다. "선천적으로 타고났다."란 뜻으로 쓰는 말은 '천상'이 아니라 '천생'이 맞다. 따라서 "천생 여자네요."라고 말해야 올바른 표현이 된다.

체중이 불면

비가 많이 와서 계곡물이 많아지는 모습을 "계곡물이 불기 시작했
다."로 말하는 경우가 가끔 있다. '붇다'와 '불다'를 혼동하고 있기 때문
이다. '계곡물이 붇다'는 "계곡물이 붇기 시작했다."로 말해야 한다.
마찬가지로, "체중이 불기 전에" 하는 표현도 "체중이 붇기 전에"로
해야 맞다. 이처럼 부피가 커지거나 분량이 늘어나는 것은, '풍선을
불다'라고 할 때의 '불다'와는 전혀 다른, '붇다'가 기본형이다.

이 '붇다'의 'ㄷ' 받침이 'ㄹ'로 바뀔 때가 있는데, 그것은 "계곡물이
불어서"라든지 "체중이 불으니"처럼 '-어서', '-으니' 같은 모음으로 시
작하는 어미 앞에 쓰이는 경우이다. 그 외에 "체중이 불면", "라면이
불면"과 같이 말하는 것들은 모두 잘못된 표현이다. "체중이 불면"은
"체중이 붇으면"으로 고쳐 써야 하고, "라면이 불면"도 "라면이 붇으면"
으로 써야 한다.

이 '붇다'의 쓰임은 '싣다'라는 말과 같다. 우리는 누구나 "짐을 실기 시작했다."가 아니라 "짐을 싣기 시작했다."로 말하며, "이삿짐을 실면"이 아니라 "이삿짐을 실으면"으로 말하고 있다. '붇다'도 이와 같다. "물이 붇기 시작했다." "체중이 불으면" 들과 같은 표현이 자연스럽게 느껴져야 혼동을 피할 수 있다.

출산율 저하의 이유

　우리나라의 출산율이 세계 최저 수준이라고 한다. 그래서 몇몇 언론매체에서는 인구 절벽이니 재앙이니 하는 말들로 위기감을 나타내고 있다. 이와 관련하여 "재앙과도 같은 출산율 저하의 이유는 무엇인가?", 또 "출산율이 급격히 떨어지는 원인은 무엇인가?"라는 기사문이 눈에 뜨인다. 같은 사건을 두고 '이유'와 '원인'이라는 낱말을 쓰고 있지만 이 두 말은 의미가 다르다. '어떤 결과가 일어난 까닭'을 말할 때는 '원인'이 맞다. 따라서 "출산율 저하의 이유"가 아니라 "출산율 저하의 원인"이라 해야 한다. 이에 비해 '이유'는 '어떤 주장이나 행동의 근거'를 말할 때 쓴다. "당신이 이곳에 온 이유가 무엇인가요?"처럼 사용하는 말이다. 이것을 "당신이 이곳에 온 원인이 무엇인가요?"라 하면 올바른 표현이 아니다.

　이처럼 비슷한 뜻을 지니고 있지만 문맥에 맞게 구별해 써야 하는 말들이 꽤 많다. 방송을 보면, '자생하다'와 '서식하다'를 자연 속에서 동물과 식물이 무리지어 사는 것으로 뒤섞어 사용하고 있다. 그러나 이 둘 또한 구별해서 써야 하는 말이다. '자생하다'는 식물에 해당하며, '서식하다'는 동물에 해당한다. 따라서 "이 식물은 고산지대에 자생하고 있다."라 해야 하고, 반면에 "쉬리는 동강에 서식하고 있다."처럼 써야 한다. 서로 바꾸어 쓸 수는 없다.

퀴즈의 답을 맞춰 보세요

　올림픽 경기 대회에서 우리나라가 가장 금메달을 자신하는 종목은 역시 양궁일 것이다. 지난 도쿄 올림픽 경기 대회에서 양궁 중계를 할 때, "화살이 과녁을 정확히 맞췄어요." 하고 환호하던 해설자가 생각난다. '맞히다'와 '맞추다'를 혼동한 까닭이다. "화살이 과녁을 정확히 맞혔어요."가 맞다.

　'맞히다'는 '맞다'의 사동사로서, '목표물에 바로 맞게 하다', '적중하다'라는 뜻으로 쓰는 말이다. 가령, "과녁을 맞히는 솜씨는 우리가 최고다."라고 할 때에 '맞히다'라고 표현해야 하는데, 이 말이 일상생활에서는 '맞추다'와 자주 헷갈리고 있다. '맞히다'가 '물음에 옳은 답을 하다'는 의미인 데 대해, '맞추다'는 '서로 일치하도록 하다' 또는 '서로 비교해서 살피다'라는 뜻으로 쓰인다. "답안지를 정답과 '맞추어' 보니, 열 문제 중에서 여섯 문제를 '맞혔다'."라고 구별해서 써야 한다.

흔히 방송에서 보면, "퀴즈의 답을 맞춰 보세요."라 하는데, 이는 "퀴즈의 답을 맞혀 보세요."로 해야 바른 말이다. '맞히다'에는 '적중하다'의 의미가 있어서 정답을 골라낸다는 의미를 가지지만, '맞추다'는 '대상끼리 서로 비교한다'는 의미를 가져서 '답안지를 정답과 맞추다'와 같은 경우에 쓴다. 올림픽 경기 대회에서 우리나라가 몇 위를 할지 '맞혀' 보는 것보다는 대표 선수들이 마무리 훈련을 하며 호흡을 '맞춰' 볼 수 있도록 충분한 여건을 마련해 주는 것이 필요한 때인 것 같다.

탄신일

　12월 25일은 아기 예수가 태어난 날을 기리는 성탄절이다. 누군가 태어난 날을 경외시해서 높여 부를 때, 우리는 흔히 '탄신일'이라는 말을 쓴다. 예수 탄신일, 석가 탄신일, 세종대왕 탄신일 같은 말들을 아주 자연스럽게 쓰고 있다. 그러나 이러한 표현은 우리 어법에 맞지 않는 것이다.

　'탄신'이라는 말을 국어사전에서 찾아보면, "임금이나 성인이 태어난 날"로 풀이되어 있다. 곧 '탄신' 자체가 태어난 날을 뜻하는 말이다. 여기에 다시 '날'의 한자말인 '일'을 붙여서 '탄신일'이라고 하면, '날'이 두 번 들어간 잘못된 표현이 되는 것이다. 그러므로 예수가 태어난 날은 예수 탄신, 석가가 태어난 날은 석가 탄신으로 써야 한다. '탄신'은 '탄일'하고도 같은 말이다. 그래서 '성탄일'이라고 하면 성인이 태어난 날을 뜻하는 것이다.

"크리스마스에 좋은 시간을 가졌나요?"처럼, 우리는 '시간을 갖다'란 말을 자주 쓰고 있다. 그러나 시간이라는 것은 잠시도 멈추지 않고 흘러가는 자연 현상이다. 어느 누구도 시간을 소유할 수 없다. 그렇기 때문에 '시간을 갖는다'란 말을 할 수 없는 것이다. 어디까지나 우리는 흘러가는 시간을 그 시간에 따라 함께 보내는 것이다. 그러므로 '시간을 갖다'란 말은 '시간을 보내다'로, '좋은 시간을 가지다'는 '시간을 즐겁게 보내다'로 고쳐 써야 한다.

팀을 추스려서 대비한다

해마다 봄이 되면 프로야구 시범경기가 시작된다. 겨우내 이때를 기다려왔던 감독들은 시범경기가 팀의 전열을 맞추는 기회이다. 그런데 언론 기사 가운데 "팀을 추스려서 정규 시즌에 대비한다."라는 표현이 눈에 뜨인다. 이는 '추스르다'를 '추스리다'로 잘못 알고 쓴 사례이다. '추스르다'는 '추슬러서', '추슬렀다'처럼 활용되므로 "팀을 추슬러서 정규 시즌에 대비한다."처럼 써야 한다. 우리말에 '추스리다'는 말은 없기 때문에, '추스려서', '추스렸다'와 같은 말들은 모두 올바른 표현이 아니다.

'추스르다'는 어떤 일을 수습한다는 뜻 외에, 소변을 보고 "바지춤을 추스르다."라든지, 업고 있는 아기가 밑으로 내려가면 "아이를 추스르다."라고 말할 때와 같이 '끌어 올린다'는 뜻으로도 자주 쓰고 있다. 이때에는 '추어올리다'와 쓰임이 같아서, "바지춤을 추어올리다.", "아이를 추어올리다."로 바꾸어 쓸 수 있다. 그런데 '추어올리다'는 '추스르다'와는 달리, "그는 조금만 추어올리면 기고만장해진다."처럼 다른 사람을 실제보다 높여 칭찬할 때에 더욱 자주 쓰이는 말이다.

그러나 요즘에는 사람을 정도 이상으로 칭찬할 때에 '추어올리다'보다 더욱 많이 쓰는 말이 따로 있는데, 바로 '치켜세우다'이다. 본디 '치켜세우다'는 "옷깃을 치켜세우다."처럼 '무엇을 위로 가뜬하게 올려 세우다'는 말이지만, 사람을 과분하게 칭찬할 때 흔히 쓰이고 있다. 정리하면, 일을 수습하거나 무엇을 끌어 올릴 때에는 '추스르다'를 쓰고, 사람을 과분하게 높여주고 칭찬하는 것은 '추어올리다', '치켜세우다'로 말할 수 있다.

하고자 하오니

공문서에서 "~하고자 하오니"라는 말이 자주 눈에 띈다. 여기에서 연결어미로 쓰인 '-오니'는 그 뒤에 종결어미를 '-옵니다'로 대응시키지 않는 한, 평서체인 '-니'로 고쳐 써야 한다. 높임법에서는 주어와 서술어의 호응 관계나, 목적어와 서술어의 호응 관계가 들어맞아야 하는 것이다. 가령, "10시부터 회의가 진행되오니 꼭 참석하시기 바랍니다."란 문장은 이러한 호응 관계가 맞지 않는 경우이다. 이 문장은 "10시부터 회의가 진행되니 꼭 참석하시기 바랍니다."가 자연스럽다. 아니면 "10시부터 회의가 진행되오니 꼭 참석하시기 바라옵니다."로 고쳐 써야 하는데, 이는 현대 언어생활에 맞지 않다.

또, 공문서에서는 '~하고자'를 흔히 '~코자'로 줄여 쓰고 있는데 이렇게 줄여 써도 우리 말법에는 어긋나지 않는다. 곧 "진행하고자 하니"를 "진행코자 하니"로 바꾸어 써도 무난하다고 할 수 있다. 다만,

이를 "진행코저 하니"처럼, '~코저'로 쓰면 틀린다. 기본형이 '~하고자'이므로, 군이 줄여 쓰려면 '~코자'로 써야 한다.

거의 모든 공문서에서, 연월일을 적을 때에 숫자 뒤에 온점(마침표)을 찍고 있다. 이러한 표기는 잘못된 것이 아니다. 다만, 문장부호 규정에 따라 연, 월, 일을 생략한 자리에 모두 똑같이 온점을 찍어야 하는데, 대부분의 공문서에서는 이를 지키지 않고 있다. 공문에 쓰인 날짜를 유심히 살펴보면, '2024. 1. 3'과 같이, 연과 월의 자리에는 온점이 있지만 날짜 다음에는 보이지 않는다. 그러나 아라비아 숫자만으로 연월일을 나타낼 때에는 연, 월, 일의 자리에 똑같이 온점을 찍어 주어야 한다.

함께 있는 내내 곤혹스러웠어

'매다'와 '메다'는 전혀 다른 동작이지만, 말소리로 구별하기가 쉽지 않다. '매다'는 "신발 끈을 매다.", "옷고름을 매다."처럼, '끈이나 줄 따위를 잡아 묶는 것'을 말하고, '메다'는 "가방을 메다."처럼 '어깨에 걸치거나 올려놓는 것'을 뜻하는 말이다.

이처럼 '애'와 '에' 모음의 발음 구별이 어려워서 잘못 적기 쉬운 사례가 있는가 하면, 자음 ㅎ 발음이 뚜렷이 나지 않아 혼동되는 경우도 있다. '곤욕'과 '곤혹'도 그러한 사례이다. '심한 모욕을 당한다'는 뜻을 나타낼 때는 "곤욕을 당하다/치르다/겪다."로 말하고, '곤란한 일을 당해서 어찌할 바를 모른다'는 뜻으로 쓸 때는 "곤혹스럽다, 곤혹하다, 곤혹을 느끼다."로 말한다. 가령, "선생님이 후배들 앞에서 나를 나무라셔서 곤욕을 치렀다."일 때는 '곤욕'이고, 반면에, "미처 생각지도 않던 질문을 해서 얼마나 곤혹스러웠는지 몰라."라고 말할 때는

'곤혹'이다. 또, '곤욕'은 '참기 힘든 일'을 뜻하기도 하므로 "함께 있는 내내 곤혹스러웠어."는 "함께 있는 내내 곤욕스러웠어."로 고쳐 써야 자연스럽다.

그 밖에, 발음은 같은데 표기만 다른 낱말도 있다. 대표적인 것이 '가름'과 '갈음'이다. 일반적으로 '가름'은 '따로따로 나누는 것'을 뜻하고, '갈음'은 '다른 것으로 대신하다'는 뜻으로 쓰이는 말이다. 그러니까 사과를 두 쪽으로 나눌 때는 '가름'이지만, 무슨 식을 거행할 때 "인사말에 갈음합니다."라고 할 때에는 '가름합니다'가 아니라 '갈음합니다'라고 해야 한다. 두 낱말의 소리는 똑같이 [가름]이다.

허리가 줄은 것 같아

경칩이 지나면 얼어붙었던 땅도 희색만면해지는 계절, 봄을 맞이하게 된다. 겨울 동안에 체중 감량에 성공한 여성들은 이제부터 옷맵시를 뽐내고 싶어하는 계절이기도 하다. 허리 치수가 줄었다고 할 때, "허리가 줄은 것 같아."라고 말하는 경우가 많다. '줄다'처럼 어간 받침이 ㄹ인 말들은 시제를 나타내는 어미를 붙일 때 보통 ㄹ이 탈락된다. '줄은 것 같아'가 아니라 '준 것 같아'라고 해야 한다. ('같다'는 추측을 나타내는 형용사이므로 '허리 치수가 줄었어.'가 바람직한 표현이다.) "한국어가 많이 늘은 이주 여성"이라고 할 때에도, '많이 늘은' 이 아니라 '많이 는'이라고 해야 한다. 마찬가지로, '떡을 썰은 뒤에'도 '떡을 썬 뒤에'가 된다.

우리 귀에 익은 대중가요 가운데, "거칠은 벌판으로 달려가자."라는 가사가 들어 있는 노래가 있다. 이 노래에서의 "거칠은 벌판으로"라는 구절은 "거친 벌판으로"라고 바로잡아야 한다. '거친'을 '거칠은'으로 잘못 쓴 것인데, 이와 비슷한 경우로, "녹슬은 기찻길"이라는 말도 있다. '녹슬다'를 '녹슬은'이라고 표현한 것인데, 이때에는 "녹슨 기찻길"이라고 해야 맞다.

우리말에서 ㄹ은 대체로 'ㄴ, ㄷ, ㅅ, ㅈ'으로 시작하는 말 앞에서 탈락하는 현상을 볼 수 있다. '찰밥', '찰떡', '찰흙'이라고 할 때의 '찰'도 ㅈ으로 시작하는 '-지다' 앞에서 ㄹ이 없어지고 '차지다'가 된다. 이런 예로, '바늘'과 '질'이 합쳐질 때에도 ㄹ이 탈락되기 때문에 '바늘질'이 아니라, '바느질'이라고 하는 것이다.

희색이 만연하다

　　얼굴 가득히 기쁜 표정이 떠오르는 모습을 '희색이 만연하다'고 표현할 때가 있는데, 이는 바른 말이 아니다. '만연'은 "널리 뻗음" 또는 "번져서 퍼짐"이란 뜻을 지닌 낱말이다. 『표준국어대사전』에는 "식물의 줄기가 널리 뻗는다는 뜻으로, 전염병이나 나쁜 현상이 널리 퍼짐을 비유적으로 이르는 말."로 풀이하고 있다. 곧 "아카시아 뿌리가 만연하여 다른 나무가 자라지 못한다."라고 할 때나, "전염병이 만연하다."라고 표현할 때 쓰는 말이다.

　　여기에서 볼 수 있듯이, '만연'이 동사로 쓰이면, 나쁜 현상이나 전염병이 널리 퍼진다는 것과 같이 부정적인 구실을 하는 것을 알수 있다. 곧 '만연하다'는 부정적인 뜻을 나타낼 때 쓰는 말이다. 그러나 희색은 '기뻐하는 얼굴빛'이다. "우리 사회에 만연해 있는 불신 풍조"라든가, "물질 만능주의가 만연하다."처럼 쓸 수는 있지만, "희색이 만연하다."라고 쓸 수는 없다.

기쁜 빛이 얼굴에 가득하다는 뜻으로 쓰는 말은 '희색이 만연하다'가 아니라 '희색만면'이라는 낱말이다. 따라서 이때에는 "김 감독은 희색만면하여 더그아웃에서 뛰어나왔다."처럼 '희색만면하다'고 하거나, 아니면 '희색을 띠었다'라든지, '만면에 기쁨이 가득하다'고 말하면 된다.